亚洲
财务黑洞

揭秘亚洲财务欺诈手法
| 珍藏版 |

[新加坡] 陈竞辉（ChinHwee Tan）
[美] 罗宾臣（Thomas R. Robinson） 著

张鲁明 译

ASIAN
FINANCIAL
STATEMENT ANALYSIS
DETECTING FINANCIAL IRREGULARITIES

《亚洲财务黑洞》（珍藏版）一书为提示财务违规行为提供了一个分析框架。本书作者陈竞辉和罗宾臣探讨了包括亚洲地区的特殊规定在内的国际会计报告准则。两位作者在学术界及亚洲财务方面的综合背景，使他们拥有了多样化的研究视角，并令他们成为该领域的权威。在本书中，他们将阐释如下问题：不符合特定会计准则的违规行为；亚洲市场最常见的违规行为；美国与亚洲财务造假的异同；发现违规行为的总体分析框架。

本书使用真实案例来阐释提及的概念，并聚焦于亚洲公司。作为首部针对亚洲市场造假及财务违规行为进行深入研究的书籍，《亚洲财务黑洞》（珍藏版）力求为国际会计报告准则的演进留下宝贵的资料。

Copyright © 2014 by CFA Institute. All rights reserved.

This translation published under license. Authorized translation from the English language edition, entitled *Asian Financial Statement Analysis*：*Detecting Financial Irregularities*，ISBN 978-1-118-48652-8, by ChinHwee Tan and Thomas R. Robinson, Published by John Wiley & Sons. No part of this book may be reproduced in any form without the written permission of the original copyrights holder.

This edition is authorized for sale in the Chinese mainland (excluding Hong Kong SAR, Macao SAR and Taiwan).

此版本仅限在中国大陆地区（不包括香港、澳门特别行政区及台湾地区）销售。

北京市版权局著作权合同登记　图字：01-2014-8004号。

图书在版编目（CIP）数据

亚洲财务黑洞：珍藏版／（新加坡）陈竞辉，（美）罗宾臣（Thomas R. Robinson）著；张鲁明译．—北京：机械工业出版社，2022.8（2024.8重印）

书名原文：Asian Financial Statement Analysis：Detecting Financial Irregularities

ISBN 978-7-111-71122-3

Ⅰ.①亚…　Ⅱ.①陈…②罗…③张…　Ⅲ.①会计检查-案例-亚洲　Ⅳ.①F231.6

中国版本图书馆CIP数据核字（2022）第115039号

机械工业出版社（北京市百万庄大街22号　邮政编码100037）
策划编辑：李新妞　　　　　　　责任编辑：李新妞　陈　洁
责任校对：张亚楠　刘雅娜　　　责任印制：李　昂
北京联兴盛业印刷股份有限公司印刷
2024年8月第1版·第3次印刷
169mm×239mm·16.75印张·1插页·177千字
标准书号：ISBN 978-7-111-71122-3
定价：88.00元

电话服务　　　　　　　　　　　网络服务
客服电话：010-88361066　　　机　工　官　网：www.cmpbook.com
　　　　　010-88379833　　　机　工　官　博：weibo.com/cmp1952
　　　　　010-68326294　　　金　书　网：www.golden-book.com
封底无防伪标均为盗版　　　　　机工教育服务网：www.cmpedu.com

陈竞辉　　对我的妻子同时也与我共事的注册会计师，Michelle Lee，我要说——是你的不断鞭策促使我在大学期间更加努力地学习会计学，如果没有你，就没有本书的面世；由衷地感谢你，我的好妻子，我们三个可爱的孩子 Brian、Kylie 和 Sarah 的好妈妈；希望他们能从本书中学到为人正直的重要及投机行为的危害。

对于父母，我要说——是你们让自己的孩子们能够接受最全面的教育。尽管家中的财力有限，但是你们仍旧尽其所能地抚养我们，教导我们学会自信，无论我们喜欢艺术还是金融，你们都教导我们要勇敢追求自己的梦想。

对我的合伙人 Girish Kumar 及我在阿波罗全球资产管理公司的所有同事，我要说——感谢你们的支持，而更重要的是我们之间这份珍贵的友谊。

最后，对于我职业生涯中经历的许多事情，包括在 1998 年亚洲金融危机中的第一次信用违约，我要说——感谢这些经历使我认识到应该活到老学到老。

罗宾臣　　感谢我的妻子 Linda 和已故的父亲 Clarence E. Robinson。

感谢凯斯西储大学会计学院，帮助我形成了对于会计学的早期见解，并让我意识到良好的道德行为标准的重要性。此外要感谢的人还有很多，包括 Gary Previts、Rob Kauer、Tom Sturgis 和 Larry Phillips。

我还要对德勤会计师事务所及迈阿密大学的前同事们表示感谢，在本书见解形成及不断精炼完善的过程中，感谢你们所给予的帮助，特别是 Paul Munter、Kay Tatum、Oscar Holzmann 和 Elaine Henry。

最后，也很重要的是，我要感谢 CFA 教材的作者们，包括 Gerald White、Tony Sohndi 和 Howard Schilit，是他们向读者展示了如何运用会计知识评价财务报表。

对本书的赞誉

信贷资产质量是银行信贷核心竞争力的体现。基层信贷人员掌控信贷风险的最关键一步就是动态分析企业财务报表，提前警示信贷风险。从曝光的财务欺诈案例来看，其手段并不复杂，而且只要是造假就总会有迹可循。《亚洲财务黑洞》这本书无疑给银行信贷从业人员提供了非常宝贵的借鉴经验，值得所有业务人员认真学习和思考。

——程凤朝，中国投资有限责任公司派驻农行股权董事

来自中国及亚洲其他国家和地区的跨国公司越来越多，未来它们将进一步融入全球资本市场。这一趋势使得亚洲公司的财务报表分析成为极其重要的研究课题。《亚洲财务黑洞》正是聚焦于此，为我们提供了及时并且实用的处理方法。作者对真实案例及出现的实务问题进行了综合研究。在我看来，这本书填补了该领域的空白。

——梅丽特·E. 杰诺（Merit E. Janow），
美国哥伦比亚大学国际及公共事务学院院长

在过去的许多年中，公司治理和会计欺诈一直被认为是投资资本市场最大的风险。陈竞辉依靠自己的个人智慧及对亚洲真切深入的了解，成为私人/夹层投资的先驱，这本书汇集了他二十多年的亚洲地区投资经验。

——麦朴思（Mark Mobius）博士，
邓普顿新兴市场团队执行主席，新兴市场投资教父

一本由领域内真正的专家撰写、内容涉及法务会计和财务报表评估的著作可谓难得一见。《亚洲财务黑洞》既具有学术性又具有实用价值，因此我将它竭诚推荐给所有的投资者。

——谢清海（Dato Cheah Cheng Hye），
香港惠理集团主席兼联席首席投资总监

亚洲地区呈现市场竞争加剧、法规制度日趋严格及公司治理发展缓慢的局面，这使我们迫切需要在法务会计和财务报表分析方面进行专业的培训。作者聚焦亚洲地区的公司，结合对真实案例的卓越研究，使其全面的研究工作变得生动有趣。

——K. 拉维·古玛（K. Ravi Kumar）博士，
南洋理工大学教授兼院长

《亚洲财务黑洞》对于任何认真考虑要在亚洲地区进行投资的人来说，都是一本极为重要的工具书，它将帮助你避开那些明显或隐藏的陷阱。

——杨修（Hugh Young），安本资产管理亚洲公司
（Aberdeen Asset Management Asia Limited）
董事总经理

身为金融市场的一名从业者，令我最担心的就是投资者对一家涉及财务欺诈的公司进行投资。陈竞辉先生的深刻见解及其通过全面研究而撰写的《亚洲财务黑洞》是一部很好的参考资料，对于我这样的人帮助很大。只有像陈先生这样具有丰富的专业知识并拥有亚洲地区投资经验的专业人士才能写出这样的著作。

——崔伟，美银美林首席中国策略师

两位作者将会计学的理论基础与亚洲公司的真实案例巧妙地结合在一起。本书通俗易懂，作者所要传递的基本启示是：在投资过程中要保持理性的怀疑态度，那些能够做到这一点的投资人将获益良多。

——杰克·西谢尔斯基（Jack Ciesielski），行业通讯《分析师会计观察》（*The Analyst's Accounting Observer*）的出版人，巴尔的摩资产管理和研究公司（R. G. Associates, Inc.）总裁

陈竞辉教授是法务会计实务领域首屈一指的专家，从政府机构到MBA教学界都对其专业能力和对该领域的深刻理解欣赏有加，其中就包括上海高级金融学院（SAIF）。该书所做出的贡献对于广大投资者来说是极具价值的，它也应该成为你书架上必不可缺的一本书。

——严弘，上海交通大学上海高级金融学院金融学教授，中国私募证券投资研究中心主任

作者在本书中对财务报表分析领域出现的异常信号进行汇总，这些对于谨慎的亚洲投资者可谓实用的工具。

——罗卓庄（John Rogers），CFA，美国特许金融师协会（CFA Institute）总裁兼首席执行官

中文版推荐序

巴曙松

中国银行业协会首席经济学家

北京大学汇丰金融研究院执行院长

在金融市场上，投资本身就是一个"千淘万漉虽辛苦，吹尽狂沙始到金"的发掘过程，要在众多公司中找到优秀的投资标的，必然就需要对大量的信息进行对比和分析，其中最为主要的信息就是财务信息。从特定意义上来说，企业上市的过程，一方面是从资本市场筹集到资金并为本公司的股票提供一个交易的平台，另一方面就需要提供充足可靠的各种信息来供投资者进行判断。

亚洲，特别是中国，近二三十年来一直是世界上经济增长很快的地区和国家之一。经济的快速发展及庞大的市场潜力，为投资者带来了丰厚的回报。随着亚洲的进一步开放，越来越多的亚洲公司"走出去"，在海外上市，拥抱世界各地的投资者。这些海外上市的亚洲公司一度是市场的宠儿，创造出不少耳熟能详的财富神话。

由于海外各地市场上市要求不一，有些市场较为宽松，上市的亚洲公司良莠不齐。少数亚洲公司利用上市规则的漏洞，通过财务造假实现上市。过去，在经济高速增长的光环下，乐观的投资者仍然给予一些有瑕疵甚至有财务造假嫌疑的公司较高的估值，他们容易有意无意忽视其中的猫腻。但是近年来，这一现象正在明显转变。2010年以来，一些市场研究机构就不断发布做空亚洲上市公司的研究报告，质疑这些上市公司财务造假。一时间泥沙俱下，不仅被质疑的公司股价大幅波动，未被提及的亚洲上市公司的股价也受到影响。2010年11月10日，有研究公司发布一份长达30页的研究报告，质疑绿诺科技伪造客户关系、夸大收入及管理层挪用上市融到的资金等行为，绿诺科技股价应声暴跌15%。23天后，纳斯达克向其发出了退市通知。在绿诺事件之后，亚洲企业在美国借壳上市的公司所暴露的问题进一步引起了美国证监会的重视，美国证监会开始调查包括借壳上市公司的会计审计等相关问题。

被揭露出的财务黑洞导致了少数公司股价泡沫的破灭，给狂热的投资者们一次次沉重的打击，印证了投资市场的一句名言："只有当潮水退去的时候你才会发现谁一直在裸泳。"面对财务黑洞，专业投资者同样可能犯错。在嘉汉林业的财务丑闻中，保尔森与美国知名私募基金凯雷均蒙受了巨大的损失。

众多投资者不禁疑惑：到底是哪里出了错？公司财务黑洞经过几年时间才最终显现，一些专业投资者也因此蒙受损失，期间难道没有一些蛛丝马迹吗？

众所周知，财务报表作为通用的商业语言，是评估一项潜在或已经启动的投资项目的标准，有效的财务报表分析对于投资一家公司是至关重要的。投资者均希望通过对财务报表的深入分析发现背后投资的金矿，也希望在表面华丽的报表中洞察风险。

近些年来，财务报表造假俨然已是一个国际性的问题，从美国的安然、世通到日本的奥林巴斯等著名上市公司的财务丑闻都充分说明了这一点，而亚洲由于不同国家或地区内的公司商业模式都不尽相同，具有亚洲特色的财务丑闻也是层出不穷。例如，2009年12月在香港上市的洪良国际在账务数据处理上，通过捏造现金及银行存款来"支撑"其虚构的高增长和强营利能力；在业务模式上，通过收购数量众多、分布零散的服装零售网点，利用它们销售信息不透明的特点，编造虚假的财务数据。

究其原因，一方面是市场的变化导致一些曾经有过辉煌历史的亚洲企业，由于激烈的竞争，可能失去了以往的优势，为了保住昔日殊荣，企业不惜代价虚报产值，虚增利润。另一方面，在如此巨大的利益驱动下，很多公司为了筹措资金、偷逃税款，也是不惜一切代价粉饰财务报表，掩盖公司真正的经营状况，从而吸引投资者。

无论对于投资者、分析师还是审计人员来说，关注这些隐藏在财务报表中的"财务黑洞"，发现及应对这些财务欺诈手法都是至关重要的。从专业角度看，仅操纵某一张财务报表数据而不影响其他财务报表是不可能的。

在实际研究分析过程中，用于发现欺诈行为的方法，没有一个可以称得上完美无缺，面对公司蓄意的欺诈行为，即使是经验丰富的分析师和审计师可能也很难发现。而本书的专业价值就在于，作者构建了较为全面的分析框架，从公司的财务报表中识别出危险信号。首先从财务报表角度，作者将亚洲市场中各类财务欺诈手法划分为收益类财务欺诈、现金流类财务欺诈等类型，并从资产负债表、利润表与现金流量表之间的钩稽平衡视角，建立发现和揭露财务欺诈骗术的整体思路与方法。

此外，由于亚洲地区商业模式即使在同一国家同一地区内仍存在差异性，本书还结合了大量近期亚洲问题公司的真实案例进行了分析，展示出亚洲不同地区的公司可能会如何实施会计把戏，帮助读者更加清晰地掌握鉴别财务欺诈手法的方法。绿诺科技和嘉汉林业的经典案例也包含在其中，相信读者在学习了相关内容之后可以尽量避免专业投资人过去所犯的错误。

本书因其简单实用、通俗易懂且容易操作，无论是分析员、审计师还是投资者，都可以从中受益，特此推荐。

2015 年 3 月于哥伦比亚大学

序

《亚洲财务黑洞》（珍藏版）一书，无论对于法务会计，还是对于发现财务报表中的违规问题来说，都是一部重要著作及参考资料。

陈竞辉和罗宾臣的主要贡献在于，通过分析近期真实案例来阐述亚洲公司是如何实施会计把戏的。良好的公司治理在西方很多公司中都具有悠久的历史，但是在亚洲却仍待建立，陈竞辉和罗宾臣提醒投资者，在对那些经常按照非市场公平原则进行交易的亚洲公司进行尽职调查时，应该更加谨慎。

本书是为非技术型读者所著，为其提供：① 任何证券分析师都可采用且易用的检查清单；② 通过对 Satyam、奥林巴斯及其他公司的舞弊案例进行研究，总结教训；③ 在每章结尾处对本章重点进行回顾，对经验教训进行总结。

分析师、审计师及其他利益相关者均可从公司异常财务报表问题的课程学习中受益。在这之前，针对亚洲公司财务报表舞弊问题的研究还较为缺乏。陈竞辉和罗宾臣在对该问题进行深入研究之后撰写了本书，与读者分享从这些舞弊案例中总结的经验和教训。

霍华德·M. 施利特（Howard M. Schilit）博士
施利特法务（Schilit Forensics）公司首席执行官
《财务诡计：揭秘财务史上 13 大骗术 44 种手段》
(<i>Financial Shenanigans: How to Detect Accouting
Gimmicks & Fraud in Financial Reports</i>) 一书的作者

本书的由来

本书的撰写缘起一位全球最大且最著名的股票交易机构的主席。她建议我聚焦于亚洲公司治理标准的研究，并且强烈要求我撰写一本有关法务会计的书。

1998年亚洲金融危机期间，在经历了第一个信用违约后，我第一次意识到需要建立一个能够理智利用定量（及定性）数据进行投资的系统方法。在美国当局供职期间，我的专业能力在对2001—2002年发生的财务舞弊案例进行研究的过程中得到不断提升。而上述时期正是世通公司和安然公司的报道充斥头条的快速营利时代。之后，我开始无偿为许多国家的政策制定者提供法务会计相关的咨询服务。

在萌生撰写本书的想法后，我立即找到前会计学教授罗宾臣来合著本书的主要部分。他是CFA协会的常务董事，对我来说是一位最合适的合著者。他与我在会计舞弊方面进行了探讨，他在该领域拥有很广泛的专业知识。出于一同为改善亚洲地区公司治理标准和财务分析尽自己微薄之力的想法，他欣然同意。我们希望读者能够在会计准则的理解及实务运用方面都有所收获。

陈竞辉（CFA，CPA）

致　谢

我们要感谢为本书的初稿内容及所涉及的案例研究提供帮助和指导的人们：Emilie Herman，我们在 Wiley 的编辑；Jerome Tan；Paul Bernard，Goldman Sachs（退休）；以及 Rob Gowen, Michael McMillan, Jason Voss, Jerry Pinto, Greg Siegel, 还有 CFA 协会的 David Larrabee。

目 录

对本书的赞誉
中文版推荐序
序
本书的由来
致　谢

引　言

为什么要聚焦亚洲财务丑闻 / 005
本书架构 / 006
从何处开始 / 008
注释 / 009
参考资料 / 009

第 1 章
财务违规行为的评估框架

财务报表之间的钩稽关系 / 013
应计与递延项 / 018
典型的会计把戏 / 020
　　虚增收入 / 021
　　夸大财务业绩 / 025
　　操纵利润 / 028
　　虚增经营性现金流 / 029
　　公司治理及相关问题 / 030
结语 / 031
本章注释 / 031
本章参考资料 / 031

第 2 章
发现收益被高估

激进确认收入 / 035

低估或递延确认费用 / 042

非经营性收益的划分 / 044

非经营性费用的划分 / 045

结语 / 046

案例研究 / 047

    案例 2.1　DN 公司 / 047

    案例 2.2　JH 林业 / 054

    案例 2.3　DF 公司 / 060

本章参考资料 / 067

第 3 章
发现财务业绩被夸大

将资产和负债置于表外 / 072

其他表外融资及表外负债 / 077

高估资产 / 078

    高估资产负债表中的资产价值 / 079

    高估资产负债表中的资产数量 / 083

    高估资产负债表外的资产数量 / 084

结语 / 085

案例研究 / 086

    案例 3.1　LN 国际 / 087

    案例 3.2　奥林巴斯（Olympus）/ 094

    案例 3.3　OS 集团（Oceanus）/ 099

本章注释 / 103

本章参考资料 / 103

第 4 章
发现利润操纵

应计及递延项调整 / 107

应收账款（应计收入）和坏账准备 / 108

递延（预收）收入 / 113

应计和递延（预付）费用 / 114

递延税金 / 115

或有损失和准备金账户 / 121

结语 / 123

案例研究 / 124

    案例 4.1　HT 公司 / 124

    案例 4.2　WS 公司 / 136

    案例 4.3　CS 生物 / 140

本章参考资料 / 146

第 5 章
发现经营性现金流被高估

理解现金流量表 / 149

利用现金流量表来评估盈利质量 / 156

现金流把戏 / 160

结语 / 162

案例研究 / 163

    案例 5.1　RC 商业 / 163

    案例 5.2　DG 公司 / 170

    案例 5.3　YH 公司 / 179

本章参考资料 / 187

第 6 章
评估公司治理和关联方事项

董事会治理和独立董事 / 191

股东的权利 / 192

连锁董事制度 / 193

关联交易 / 194

超额报酬 / 197

个人侵占或挪用公司资产 / 197

缺乏透明性 / 198

审计机构问题 / 198

结语 / 200

案例研究 / 201

 案例 6.1 CVT 公司 / 201

 案例 6.2 PD 煤业 / 205

 案例 6.3 SE 科技公司 / 212

本章注释 / 217

本章参考资料 / 218

第 7 章
总结和指引

总结 / 221

发现篡改账目的诀窍 / 229

结语 / 231

案例研究 / 232

 案例 7.1 韩国塞尔群生物制药公司（Celltrion, Inc）/ 232

 案例 7.2 RG 矿业 / 235

 案例 7.3 FT 科技 / 241

本章参考资料 / 246

关于作者 / 247

审校专家 / 248

引 言

它好像骑虎难下，不知道究竟怎样才能下来且不被吃掉。

——拉玛林格·拉祖（Ramalinga Raju），
Satyam 创始人兼前主席

Satyam，创建于 1987 年，是全球大型信息技术（IT）咨询公司之一，印度股票市场的宠儿，公司董事会成员均为自负的印度社会的"名流"。然而，这些耀眼的光环随着一封信的公布而瞬间暗淡：

尊敬的各位董事会成员，此刻我的心情格外沉重并且万分愧疚，我决定遵循自己的良心向你们陈述以下事实并提醒你们注意……

拉玛林格·拉祖，作为 Satyam 的创始人兼前任董事长，在他的辞职信中承认对 2008 年 1 月的财务数据进行了篡改。同时，他也坦言 Satyam 的实际盈利和现金余额比账目中的金额低 90% 多。这一消息致使 Satyam 的股价在当天就下跌了 90%。汉语中有一个成语是"骑虎难下"，形容要想毫发无损地从虎背上下来是多么困难——很显然，拉祖注定会输。

在 2009 年被 Tech Mahindra Limited 收购之后，Satyam 作为其子公司继续运营，随后由 Mahindra Group 负责对其假账问题进行处理。公司

2013年的合并报表显示收入超过27亿元美元并一举成为印度的第五大信息技术服务公司。合并后的公司拥有雇员84 000人，为来自46个国家的540位客户提供服务。当时的管理层坚信他们已经走出过去的阴影，并发出誓言："2015年公司（Satyam）市值将达到50亿美元。"

在至今已经发行第6版的经典著作《证券分析》（Security Analysis）中，本杰明·格雷厄姆（Benjamin Graham）和戴维·多德（David Dodd）强调，对于公司经营状况和财务报告进行谨慎及基本的评估是非常重要的。基于《证券分析》及他的其他著作，本杰明·格雷厄姆被誉为"价值投资之父"。

价值投资的核心就是以好的价格购买一家优秀的公司——在投资之初就会产生一个问题，即该投资是否便宜及为什么如此便宜？如果当前价格比较便宜，是因为市场忽略了一个重要部分，即公司未来的发展预测，而恰恰该部分可能才是公司真正的优质价值所在，那么该公司可能确实物有所值。然而，对于有些股票来说，低廉的价格对它们来说并不算低估，因为市场很可能已经认识到这些公司未来的经营及现金流预测都会比较差。还有一些股票被市场给予了过高定价，那是因为管理层进行了虚增利润和现金流或夸大公司财务状况的操作。

这里要强调的是，最终的调查结果显示Satyam恰恰属于上述情况中的后者。该公司所编造的故事简直好得令人难以置信。为了满足复式记账的平衡要求，Satyam伪造客户收据和虚假的现金余额，用以掩盖虚增利润这一事实。上述情况与意大利的一家乳制品公司

Parmalat 很相似，该公司制造了欧洲历史上最大的财务欺诈案例，并于 2003 年倒闭。

对于 Satyam 和 Parmalat 案例中所使用的那些会计把戏，人们究竟怎样才能及早发现呢？

1905 年，在对伦敦的一起谋杀案进行审讯的过程中，人们首次将指纹认定为法庭证据，为谋杀案定罪。在此之前，指纹技术从未被用于证明犯罪嫌疑人有罪或无罪。对于复式记账法，其发展历史应追溯到 15 世纪，Luca Pacioli㊀在其所著的《数学大全》一书中首次介绍了复式记账法，该方法被后世称为"商业和贸易发展历史中的一项重大进步"。

更重要的是，就如同指纹为犯罪现场调查人员提供了专业性的技术支持一样，复式记账法也被认定为法务会计学的基石。甚至现代高级会计学也同样强调复式记账法的使用。该方法创建了一个制衡的框架结构，使得敏锐的分析人员能够发现会计欺诈的蛛丝马迹。

本书提供了一个实用指南，用于对亚洲公司的财务报表进行法务会计分析。本书是为全球投资者所写的，我们希望可以帮助投资者避开某些公司：这些公司的真实财务状况并不像报表中所反映的那样乐观，或者其价格相比于真实的营利能力被高估了（存在潜在的做空机会）。我们在对全球范围内特别是亚洲公司进行财务报表分析时所获得的经验，

㊀ 卢卡·帕乔利（Luca Pacioli），现代会计之父。——译者注

都将在本书中与你分享。同一国家甚至同一地区内的商业惯例亦存在差异，这是亚洲地区的一个标志性特征。我们希望本书能够引领你踏上错综复杂的亚洲投资之路。

为什么要聚焦亚洲财务丑闻

正如之前所提到的，财务丑闻呈现出全球化的特点，分别发生在欧洲的 Parmalat 和印度的 Satyam 财务丑闻就证明了这一点。从欧洲的 Ivar Kreuger、"Swedish Match King" 到加拿大的 Bre-X 欺诈案，再到美国的世通欺诈案，这些被记载下来的财务丑闻大都具有国际性。然而，这些记载却很少提及亚洲地区的案例。

此外，对于亚洲地区的小股东来说，唯一致命的弱点就是公司治理。尽管已经实现上市交易，但很多公司仍旧明显受控于创始人或其家族成员。这一情况在形成之初并没有什么不妥，但是在很多公司里最终的真正赢家却不是小股东。举个例子，在中国尽管经济呈现强劲增长，GDP 指标在 10 年间实现翻番，但是代表了全部上市公司的股价变动情况的指标上证综指却自 2011 年以来并没有发生显著变化，如图 0-1 所示。这与韩国 1990—2005 年的情况非常相似。尽管 GDP 实现了 3.5 倍的增长，但是韩国综合股指 KOSPI⊖ 却没有什么变化。

⊖ KOSPI：Korea Compost Stock Price Index。韩国综合股指，反映韩国股票的整体状况。——译者注

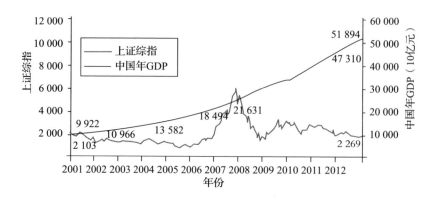

图 0-1　中国股市的回报低于 GDP 的增长

数据来源：Bloomberg，中国国家统计局。

尽管经济增长强劲，但是主要的亚洲权益类指数却表现不佳，从某种程度上来说，原因在于这些市场缺乏良好的公司治理。亚洲地区需要建立完善的法务会计体系来帮助其解决这一难题。此外，亚洲地区还应提高公司的治理标准。基于对会计操纵的考虑，公司治理标准主要包括董事会、薪酬委员会及其他组织。上述做法将使小股东所持有的股票最终有所回报。虽然有些人坚持认为 GDP 增长并不代表股本市场也会出现相应的增长，但是事实上在 GDP 的快速增长周期中，很多公司（以及他们的创始人）都成为了大赢家并且一夜暴富，而小股东却丝毫没有享受到这笔财富。

本书架构

本书开篇介绍了一个分析框架，用于发现财务报表中的违规行为，包括公司夸大利润、财务状况或现金流等。后续章节则会详细阐释估值技术及揭示公司常用财务把戏的警示信号。在这些章节中，我们将亚洲公司的真实案例贯穿其中，用以阐释实务应用。此外，每一章还介绍了分析技术的清单及需要查找的警示信号。每一章的结尾附有完整的案例研究，用以完整地演示分析技术在实务中的应用。

第1章，"财务违规行为的评估框架"，是本书的核心内容。在本章中，介绍了会计基础理论，这对于检验并调平财务报表及从中发现违规行为至关重要。其中一些知识或许你已经在大学的会计学课程中学过，并且可能（但多半不会）勾起你有关"借"和"贷"的可怕回忆。不要害怕，这并不是一本古板的会计教科书，我们并不想对此赘述而偏离了主题。取而代之的是，我们将会介绍主要的财务报表是如何联系在一起的，以及如何利用这些信息去发现问题并突显出更多问题。在本章及后续章节中，我们会介绍亚洲公司玩弄会计把戏的真实案例。然而，重要的是，我们所介绍的分析框架和技术同样适用于全球范围。事实上，本书作者研究成果的建立基础不仅仅是亚洲公司，而是对全球范围内的公司进行的实证分析，而且经历了不断的发展。

第2章，"发现收益被高估"。高估收益使其看起来比实际要好是无良经理人常用的手段之一。我们将对从激进财报（提前确认收入）到公然造假（确认并不存在的收入）的案例进行研究。在本章至第7章中，我们对已经被指控但并不一定被判定有罪的公司粉饰报表的案例进行了详细介绍。注意，由于会计操纵往往具有多样性特征，因此所列举的案例可能会重复出现在不同章节。

第3章，"发现财务业绩被夸大"，分析那些公司如何试图让自己的财务状况看起来比实际情况要好。夸大财务业绩的行为通常会伴随着高估资产，但并不是一定会出现这样的情况。公司也可能要同时低估资产和负债从而提升盈利指标（如资产收益率）或改善债务指标（使相关负债比率看起来更小）。

第4章，"发现利润操纵"。本章在前两章的基础上对知识点进行进一步延伸，涉及跨年度操纵。为了使利润的波动看起来更加平滑或是对收入的变化轨迹进行管理，一家公司可能会有意低估当期的利润，利用由此形成的"饼干罐"储备在未来年度提高利润。

第5章，"发现经营性现金流被高估"，检查一家公司如何通过报告中的数据对现金流进行高估，如经营性现金流的度量。正如第3章中所述，高估经营性现金流往往会伴随着收益被高估，但并不总是这样。

第6章，"评估公司治理和关联方事项"，检查薄弱的公司治理对于报告结果的影响。薄弱的公司治理为第3章至第5章所述的财务欺诈行为提供了机会，这些欺诈行为包括公司管理人或大股东在损害其他股东利益的情况下，通过关联交易牟取私利。

第7章，"总结和指引"，汇总并总结了在评估亚洲公司财务报表时需要引起注意的事项。这些事项也被称为公司财务的红色警报。

从何处开始

本书的写作目的就是想将实用的分析技术传授于你，在你对潜在的投资目标进行财务报表分析时，不管是否发现违规问题，都希望你能够将本书中所提及的内容牢记于心。而当你发现问题的时候，更希望你能够把本书作为永久参考书来使用。请从这里开始仔细阅读本书吧——特别是第 1 章——并且多用本书最后所附的检查清单,它会为你提供帮助和指引。

注释

本杰明·格雷厄姆是最早倡导建立财务分析评级系统的学者之一,该系统被纳入 CFA 的培训课程,其本人也因此而著名。1963 年,在美国北部首次举办了 CFA 考试,而至今 CFA 协会已经在全球各地举行此项考试。

参考资料

Jane Gleeson-Shite, *Double Entry*: *How the Merchants of Venice Created Modern Finance* (New York: W. W. Norton & Company, 2012), 93.

亚洲财务
黑洞

第 1 章　财务违规行为的评估框架

本章阐述了会计学的基本理论知识，其中包括对于财务报表必不可少的会计试算平衡知识，以从中发现财务违规行为。本章解释了主要的财务报表之间是如何联系在一起的，以及如何利用这些信息去发现问题并突出更多关键的问题。如果公司财务出现异常情况，结合本章介绍的框架，你将拥有一个识别危险信号的基础工具。

本章阐述了主要财务报表之间的关系——这种关系在会计师看来是一种钩稽关系——向读者演示如何评估一家公司实施会计把戏的可能性。正是因为上述的相互关系，一家公司高估利润表中的利润，将会伴随资产负债表中的资产高估或负债低估。如果一家公司为了让财务状况看上去有所改善而人为地降低负债，那么可能需要同时降低资产。假如一家公司人为地使经营性现金流虚高，但是没有相应地增加实际现金余额，那么将需要降低投资性或融资性现金流。

最常见的财务欺诈行为就是虚增利润。在相关案例中，常见的虚增资产项目包括来自客户的应收账款、存货、一些无形资产或特殊资产。而发现违规行为的常见方法就是寻找那些出现异常增长的资产项目，这些异常增长并没有在财务报表附注或管理层声明中得到充分的解释。本章所讨论的报表之间的钩稽关系将有助于识别会计欺诈的危险信号。

财务报表之间的钩稽关系

分析师感兴趣的三张主要财务报表分别为利润表、现金流量表和资产负债表。

利润表反映的是公司经营活动所产生的收入、相关费用、盈利或损失及该期间的净利润,它是核算公司营利能力的主要数据来源。虽然利润看起来不错,却不能据此向员工、供应商、贷款人等用利润进行支付——因为支付需要现金。另一个重要的财务报表是现金流量表,该报表反映的是现金流入、现金流出及商业活动产生的净现金流(通常将商业活动划分为三类:经营活动、投资活动和融资活动)。该报表能够帮助我们评估公司是如何将利润转化为现金流,以及如何对未来进行投资、融资和资本偿还的。

资产负债表又称财务状况表或财务境况表,反映了某一时点的资产或业务资源情况,以及截至该时点的债权(负债)和投资人(所有者权益)情况。资产负债表也是核心的财务报表,它和其他财务报表之间均存在联系。资产负债表反映的是会计恒等式,该等式已经伴随了我们数百年,也正是该等式令财务报表之间建立起了联系。图1-1用最简单的方式列示了会计恒等式。

图1-1 财务报表中的会计恒等式

会计恒等式是固定的，并且必须恒等——因此称资产负债表为平衡表。之所以称为平衡表，是因为该表中所描述的某一时点的数据均满足会计恒等式的要求。如果你曾经遇到过一家公司的资产负债表不平衡（本书的一位作者在其执业的25年中仅遇见过两次），那么你的分析将变得异常容易——马上扔掉这家公司的财务报表，去寻找下一个投资目标（或是马上把它卖出去）。

现在，让我们看看一个在会计恒等式的基础上延伸出来的资产负债表，并且看看利润表和现金流量表是如何与资产负债表进行对应的。

在图1-2中，上方的图列示了期初和期末的资产负债表（时间通常为一年，但有时是一个季度或半年），一般来说包含资产、负债及所有者权益三个部分。举个例子，一般性资产包括现金、应收账款（由客户产生）、存货（用于销售的货物）、投资、固定资产（如土地、建筑物和机器设备）及其他资产（如无形资产、预付项目和存款）。负债可以分为短期负债和长期负债，并且可以再按欠供应商、欠银行、欠员工及欠其他债权人的方式进行分类。所有者权益包括所有者提供的实收资本、未向所有者分配的利润（未分配利润），以及一些特殊项目（如其他综合收益，通常该类收益和损失不在利润表中列示）。

图1-2中间的图列示的是利润表的简略形式。注意收入和费用与收益和损失之间的区别。与主营业务相关的收入和费用按照总额进行列示。举个例子，在餐饮行业，饭店向客人销售餐食并收取的餐费

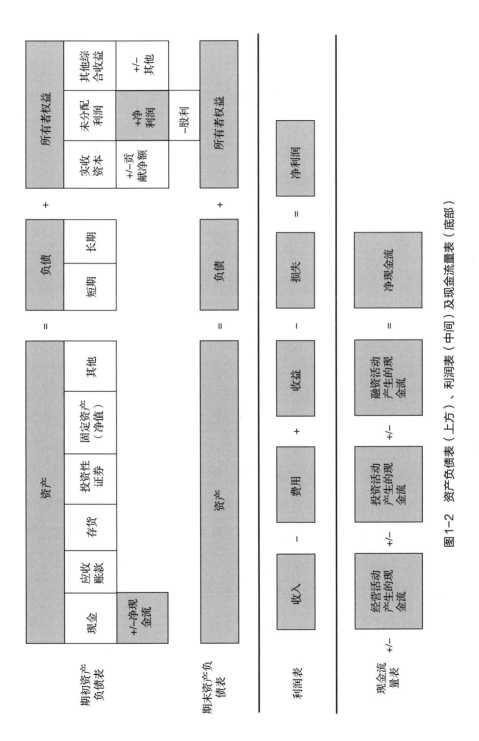

图1-2 资产负债表(上方)、利润表(中间)及现金流量表(底部)

应全额计入收入,并将餐食的销售成本单独计入费用,在利润表中进行列示(收入和费用均按照总额进行列示)。然而,如果同样是这家饭店,有一些多余的设备长期没有使用并出售给一个二手设备经销商,那么该销售价格和未折旧的设备账面价值之间的差额应确认为收益或损失,并且该项净收益或损失将单独在利润表中的非经营活动部分进行列示。我们后面会看到一些公司如何试图虚增收入(但不虚增利润),其中的一种方法就是将这类销售收入也计入利润表中的经营活动部分。

图1-2底部的图列示的是简略的现金流量表。经营活动、投资活动及融资活动产生的净现金流(现金流入减去现金流出),都将被分别进行汇总,最终将三类现金流合计得到该期间内公司的净现金流。

利润表和现金流量表直接与资产负债表该期间内的变动相关联,正如图1-2上方所示。利润表中净利润的任何增加或减少都会导致资产负债表中的未分配利润及所有者权益增加或减少。同样,现金流量表中任何现金流的增加或减少都直接反映了资产负债表中现金水平的变化。在这种模式下,财务报表之间均存在联系,那些想要人为地自我美化的公司,仅操纵某一张财务报表的数据而不影响其他财务报表,或者不在同一张财务报表中进行项目抵消的做法,是不可行的。

一家公司通过向客户提供合法的服务并收取现金来增加收入。收入和净利润的增加如图1-3所示(在这个例子中我们将忽略所得税的影响)。如图1-4所示,净利润的增加导致资产负债表中所有者权益的增加,现金回收(该项也会在现金流量表经营活动产生的现金流中有所反映)导致了现金的增加。如果是赊销,也会出现同样的结果。首先，是应收账款的增加而不是现金的增加，因为客户还没有真正支付。然后，当客户进行支付时，应收账款余额将会减少，而现金余额将会增加。这种情况应该发生在一个比较短的窗口期，而该窗口期取决于授信条件。

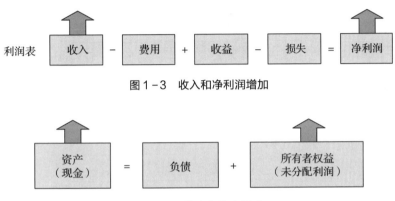

图1-3 收入和净利润增加

图1-4 资产负债表影响

如果一家公司通过虚构的销售来增加收入，但其实并没有收到现金，那么该公司不可能只是简单地增加收入而不在资产负债表中进行相关调整；否则，资产负债表无法平衡。净利润的增加导致所有者权益增加，而资产和负债保持不变，这种情况在会计恒等制度中是不允许的。为了满足会计恒等式及资产负债表的平衡，该公司在确认虚假收入的同时必须高估资产或低估负债。对于这种交易，最常见的抵消其影响的方式就是通过增加应收账款来高估资产。因为公司肯定不会收到现金，所以应收账款余额不会在未来减少，反而会在一定时期内快速增加——持续增加并越来越大。在一些欺诈案例中，该金额的增加是有限度的，最终泡沫一定会破裂。因此，应收账款相对于收入的快速增长就是收入虚增的一个信号。

应用：某林业公司[①]

某林业公司想出了一个创新性的方法来处理因虚假木材销售（在其他欺诈行为中）而造成的应收账款增加问题。某林业公司新成立了一家公司，该公司实际受控于它并且参与木材的虚假买卖。在此情况下，应收账款和应付账款（由于所谓的木材购买者而形成的一项负债）都被高估了。某林业公司执行了另一项方案，通过可控的"客户"和"供应商"来抵消应收账款和应付账款。当然，当销售价格超过购买价格的时候，就无法实现完美的抵消。更多详情请见后续有关某林业公司的章节！

应计与递延项

为了进一步理解利润表、现金流量表和资产负债表之间的钩稽关系，让我们来看看适用于应计基础的利润表。应计基础，即权责发生制（有时也被学生引用为"cruel basis"），要求在收入的权力实际发生时（而不是在收到现金的时候）就在利润表进行确认，而费用也被要求在债权实际发生或与收入匹配的时候（不是在支付现金的时候）在利润表进行确认。适用于权责发生制的利润表与现金流量表之间的差异会产生应计和递延项并反映在资产负债表中。常见的应计和递延项在表1-1中进行汇总。举个例子，这在前面有关收入的问题中已经讨论过。如果

[①] 原书中提到的公司名称和人名在中译本中均做了处理，读者若有兴趣，可在网站 jinduoduo.net 下载对照表。——译者注

在收到现金之前在利润表中确认收入（一般情况），而与收入相对应的现金流发生在利润表确认收入之后，这将导致生成一项资产，即应收账款。相反，有些公司经营活动的特点就是在提供服务之前就已经收到现金，典型的例子就是航空业务。你在线购票并用信用卡支付。航空公司收到来自你信用卡的付款，但还没有向你提供服务，因此不会在报表中确认收入，直到你飞往目的地。在这个案例中，现金流发生在利润表确认收入之前，将会在资产负债表中确认一项负债，直到提供了服务。这项负债被称为未确认收入或递延收入。

表1-1 常见的应计和递延项

现金流发生点	收入	费用
现金流发生在收入确认之后	资产 应收账款	负债 应计费用 递延所得税负债 或有损失 资产备抵 坏账准备
现金流发生在收入确认之前	负债 未确认收入 递延收入	资产 物业及设备 预付账款 递延所得税资产 待摊费用

让我们再来看一下费用。如果一家公司每周向雇员支付工资，并且财务年底介于周中，那么公司必须将这一周前几天欠雇员的工资计入应计工资并在利润表中确认一项费用，尽管并未真正支付。在这个例子中，现金流支出发生在利润表确认之后，所以导致利润表中生成一项费用及负债（被称为应计工资或应付费用）。然而，如果一家公司近年用

现金购买设备且该设备会在 5 年内为公司带来收入，那么设备的成本不能立即按照费用进行确认。取而代之的是，设备的成本将在整个使用期内分期确认为费用（被称为折旧），折旧产生费用的期间是与其为企业创造收入的期间匹配的。在这个例子中，现金流出发生在利润表确认之前，并且将产生一项资产，即物业、厂房及设备。

下面我们来看看利润表、现金流量表和资产负债表是怎样联系在一起的。如果一名分析师将重心都放在利润表的评估上，那么，他会忽视资产负债表或现金流量表中出现的警示信号。我们将在本章剩余部分及后续章节都使用该框架对公司进行分析，所以届时你可以再回到本章回顾，直到你已经能够熟练掌握它。

典型的会计把戏

一家公司从事业务的数量及财务报表的复杂性，使人们有很多机会对财务报表进行粉饰。但是随着时间的推移，针对会计丑闻的审计主要集中在几个方面。最常见的问题分为五类，如图 1-5 所示。

图 1-5　会计丑闻分类

第1章 财务违规行为的评估框架

在本章中，我们将对上述五类问题分别进行简述，并在后续的章节中结合真实的公司案例进行深入研究。

虚增收入

投资者和债权人都会对一家公司的盈利水平感兴趣。更高的收益或利润会使投资者和债权人得到更多的回报，或是对未来进行更多的投资。因此，公司实施会计把戏的最常见动机是希望收入看起来比实际要好。这一目的可以通过虚增收入或收益（见图1-6）或者低估费用或损失（见图1-7）来实现。有些公司采取极端的做法，即对上述两部分同时进行调节。在这些情况下，公司资产负债表中的未分配利润会因收益虚增而被高估。为了使资产负债表平衡，公司必须选择如下几项之一进行调节：高估资产，低估负债，低估其他所有者权益项目（最可能选择其他综合收益）。上述可能性在图1-8中通过箭头指向表示。

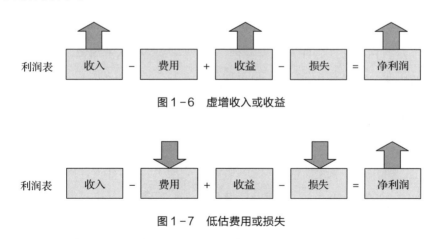

图1-6 虚增收入或收益

图1-7 低估费用或损失

最常见的是高估资产。在虚增收入的情况下，最有可能被高估的资产项目就是应收账款。在最极端的情况下，公司在报告中列示虚假收

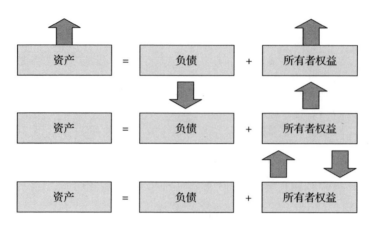

图1-8 资产负债表的潜在影响

入,但其实并不会发生现金的流入,而应收账款在此期间则出现持续性的增长。在其他情况下,公司可能会采用激进的方式在报告中确认收入,在交易发生之前或取得收入确认权利之前就确认收入(例如,在合同签订后就确认收入,尽管在未来才会交付或合同约定是在一段时期内使用资产而不是直接出售)。在这种情况下,近期的应收账款会比常规的增长速度要快,但是可能(希望)会在后续期间趋于正常。因为欺诈行为具有重复性,即使在后一种情况下,应收账款余额也会出现非常规的快速持续增长。

应用:Satyam Computer Service Limited

Satyam是印度的一家大型技术服务提供商,该公司被发现伪造了2003—2008年的收入、收益及计息存款(一项资产)。让我们看看在会计丑闻被曝出之前其年度财务报告的相关数据,见表1-2。

表1-2 Satyam 的年度财务报告

项目	2008 财年 3 月	2007 财年 3 月	变动
收入（100 万美元）	2 138.1	1 461.4	+46%
应收账款—短期（资产，100 万美元）	598.8	396.1	+51%
应收账款—长期（资产，100 万美元）	38.2	21.2	+80%
未开票收入（资产，100 万美元）①	81.5	38.6	+111%
银行存款投资（资产，100 万美元）②	894.8	782.7	+14%
资产科目合计（以 100 万美元计）	1 613.3	1 238.6	+374.70

① 在利润表中列示的收入是已经确认的——基于长期合同完成的比例进行确认。
② 2007 财年列示的是长期，2008 财年列示的是短期。

首先注意，收入出现了快速的增长，如果该项收入属实则是一件好事。问题在于，资产负债表中三个应收项目的增长远高于收入的增长。如果公司做了充足的工作从客户处回收款项，那么应收账款的增长不会明显高于收入的增长。这一快速增长暗示了一个问题（有可能并不是欺诈行为，但也应视为一项警示信号，必须进行更深入的尽职调查）。在资产负债表中最不寻常的科目是独立于现金进行列示的银行存款投资。该科目为非常规项目，它向审计人员提供了不同于常规现金科目的实质性信息：这里一定存在某些原因使得该科目被单独列示。应收账款项目与银行存款投资的增加额为 37 470 万美元。根据美国证券交易委员会涉及该问题的诉讼，Satyam 仅在 2008 财年 3 月就虚增收入 43 040 万美元。它虚构了资产负债表中累计超过 90% 的现金和银行存款投资（最引人注意的是银行存款投资科目），而实际上这些资产都是不存在的。通过该案例，可以清楚地看到虚增收入如何导致资产被高估，以及其带来的警示信号之一就是有些内容是虚构的。

费用被低估的情况，通常会导致相应的资产被高估。举个例子，一家公司销售商品（存货）并在利润表中确认收入，但是没有将存货（资产负债表中的一项资产）结转至利润表的销售成本中（一项费用）。因此，收入被高估，资产（存货）也被高估。这样做会导致资产负债表中的存货余额大幅增加。

另一个低估费用的方法是在利润表中延迟确认费用。为达到该目的，公司可以通过将费用支出归类为购买厂房、物业及设备的资本性支出或另一类递延资产在资产负债表中进行确认。一些公司会在资产负债表中为这些递延费用创造一个特殊资产类别，称为"递延客户购置成本"。有时这一处理方式可能是合法的，例如在保险业。但是在其他情况下，这仅是为了避免在利润表中确认费用的一种简单处理方式。

很多分析师都将焦点放在公司的收益构成上，而并不关注利润表中的最后一行——净收益或净利润。举个例子，大家通常会关注经营性收益，并去观察公司是如何通过主营业务来实现该收益的。同时很好地了解公司有多少利润是来自可循环的一般性经营业务，我们必须明白公司同样会认识到这一点，并可能会尝试误导我们。无良经理人常用的一个伎俩就是将非经营性收益作为经营性收益的一部分在报表中进行确认（按照合计金额进行列示，而不是净额，见图1-9）。这一做法会同时高估收入和经营性收益，但是对于项目净收益却没有影响。

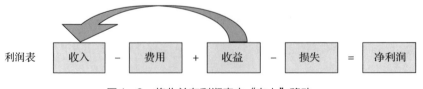

图1-9　将收益在利润表中"向上"移动

另一个选择是将费用在利润表中下移并将其划分为"特殊的"或"非经常性"损失，以使正常经营性收益看起来更大（见图1-10）。

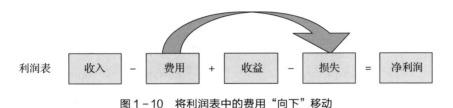

图1-10 将利润表中的费用"向下"移动

我们将对虚增收入的案例进行探究，详情参阅本书第2章。

夸大财务业绩

夸大财务业绩也是一种会计伎俩，目的是使公司的资产负债表看起来更稳健——通常是通过低估公司的负债来实现的。正如我们之前看到的，公司不可能简单地将负债从资产负债表中移除，或者在不影响资产负债表（也可能是利润表和现金流量表）其他项目的情况下对其进行确认。如果负债被低估了，那么一定是资产被低估或是所有者权益被高估了，如图1-11所示。

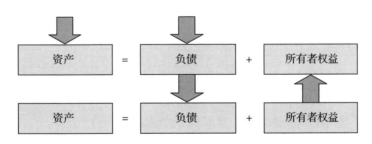

图1-11 在资产负债表夸大财务业绩

在第一种情况下，资产或负债被低估，公司可以从资产负债表中移除相同金额的资产和负债。举个例子，将资产和负债转移至特殊目的公司或其他目的实体，就可以避免将它们合并至自己的资产和负债中。那么，这样做会如何改善财务状况呢？资产不是件好东西吗？当然，是也不是。让我们来看一个简单的例子：

资产	10 000 000 港元
负债	8 000 000 港元
所有者权益	2 000 000 港元
净利润	500 000 港元

分析师常用的比率是资产负债率及资产收益率（净利润/总资产）。对于这家公司，资产负债率为0.80或80%，以及资产收益率为0.05或5%。如果这家公司能够使用会计把戏将500万港元的资产和负债从资产负债表中移除，他们就会使资产负债率达到0.60或60%，资产收益率达到0.10或10%。这样一来，他们的风险看起来就比以前更低（债务水平更低），并且呈现更强的盈利性（更高的资产收益）。

而第二种情况，有一个常见的例子，即一家公司并没有将未来会产生的一项费用确认为负债（即高估利润）。比如，公司知道可能会有一项与环保损失有关的负债，但在当期并没有因此确认一项负债或损失，这将会高估利润并夸大公司的财务业绩。

应用：奥林巴斯株式会社（Olympus Corporation）

奥林巴斯株式会社创建于1991年，是日本一家精密仪器设备生产商。在2011年，奥林巴斯株式会社被发现自1990年起，使用了一系列技巧隐瞒了重大亏损，并转移负债，使得多年以来其财务状况比实际情况看起来要好。根据预测，其1990年的亏损接近1 000亿日元。多年以来，奥林巴斯株式会社投资一系列公司的金融资产价值出现下降，于是将这类资产转移到一系列不需要合并报表的公司中。同时，该株式会社安排另外一家公司按照他们的账面成本而不是市场价值购买该项金融资产，从而将投资亏损转移。另一家公司用于购买金融资产的资金来自奥林巴斯株式会社的银行贷款。因此，奥林巴斯株式会社在财报中对此次资产出售既没有确认任何收益，也没有确认任何损失。

多年以后，会计准则发生变化使得奥林巴斯株式会社必须将这些外部实体的数据进行报表合并，奥林巴斯株式会社设计了一个计划，即以远高于这些公司价值的价格收购他们（这些公司都隐含着巨额亏损）。奥林巴斯株式会社将收购价格高于公允价值的差额计为商誉。同时，奥林巴斯株式会社的其他并购同样支付了明显过高的"费用"，以便在未来用于掩盖亏损。所以，奥林巴斯株式会社能够将负债和亏损隐匿于财报之外很多年（低估负债及高估所有者权益），并且当他们重新购回这些公司以致不得不确认负债时，他们会通过高估资产（商誉）来对此进行抵消。同大多数会计把戏一样，当奥林巴斯株式会社最终不得不确认亏损时，这一会计把戏就玩不下去了，而上述与大多数并购相关的亏损在确认时均按照减值损失进行处理。

我们将对夸大财务业绩的案例进行研究，详情见本书第 3 章。

操纵利润

操纵利润就是为了让当期的财务状况看起来比实际的要好。公司也可以粉饰几年间的收入和费用，让某一年看起来好于实际情况而其他年度则比较差。比如，一家公司已经经历了非常优秀的一年且预计盈利能够远高于一般水平，但这一异常的盈利水平无法持续。公司可能想要将盈利变得平滑——有目的地令该年的盈利更低，从而可以在后续年度中呈现出更好的盈利。他们这么做也许是想使收益的波动看起来更平滑或令后续年度可以获得的奖金最大化。公司可以通过活用之前提到的应计和递延相关的规定，对未来设置准备金或备抵金，用于之前提到的应计项目和递延项目。

这里有一个简单的例子是一家公司高估坏账（认为应收账款不能回收的金额）水平。这样做，就会高估当年的坏账费用，从而减少净利润。在后续的年度，如果收益低于预期，他们可以通过转回该项应计（准备金）项目用以增加当期的收益。当然，公司也可以采取相反的措施——如果前期的收益低于预期，他们可以减计坏账以增加收益，并且在后续年度通过计提更多的坏账准备来降低收益。有时，是会计把戏自身催生出问题：一年使用一个小的会计把戏，希望能够在未来逆转。而问题却会在未来几年业绩疲软的时候加剧，那时为了将游戏继续下去，公司将被迫使用更大的会计把戏去掩盖之前的问题。

我们将对利润操纵的案例进行研究，详情请参阅本书第 4 章。

虚增经营性现金流

本小节将重点关注现金流的错误分类及虚构当期现金流，而这些将对未来一段时间产生不利影响。举个例子，公司明显延迟向供应商进行支付，这将对当期的现金流产生实质性影响。这一做法将会提高当期的现金流，但是会对未来一段时间的现金流产生负面影响。一家公司也可以通过将应收账款折价售出，将现金提前收回用以提高短期现金流。一般来说，上述两种在短期内增加经营性现金流的方法都是不恰当的，分析师对此都应该保持怀疑，因为公司在透支未来的现金流。

然而，公司可能会试图通过对现金流进行错误分类来使其看起来比实际情况更加稳定。现金流量表由三部分组成：经营活动产生的现金流，投资活动产生的现金流和融资活动产生的现金流。分析师希望看到公司产生正的经营性现金流并使用这些现金对未来进行投资（投资）或者回报投资者或债权人（融资）。一家公司可以试图将现金流入计为经营活动（而不是融资活动）或将现金流出计为投资活动（而不是经营活动）来使自身看起来更好。举个例子，一家公司可能将应收账款进行抵押向债权人借入资金，而在报表中将该项交易处理为应收账款的销售（经营活动）而不是借款交易。公开销售和贷款之间是有实质区别的。在出售的情况下，当所有的应收账款不能完全收回时，买方不能向卖方行使追索权。然而，在贷款的情况下，公司将始终对未收回的金额承担责任。

另一种方法如我们在虚增利润部分所讲述的，即将一项正常的经营性支出当作资本性支出。在这种情况下，经营性现金流会被高估且投资性现金流将被低估（由于经营性支出被列为资本性支出）。

我们将对虚增经营性现金流的案例进行研究，详情请参阅本书第 5 章。

公司治理及相关问题

到目前为止，我们讨论的会计把戏主要是围绕对公司财务报表的操纵。而另一类问题则涉及公司治理，即通过对其他可控制的公司进行投资，以全体股东的利益来达到牟取私利的目的（有时可能是他们的朋友和家人）。另外，我们也将那些从严格意义上来讲非财务信息但是同样会加剧对公司质疑的问题，归于此类问题进行讨论。

良好的公司治理能够为公司建立一种制度，在该制度下可以确保内部（主要管理层）与外部股东之间的潜在利益冲突能够得到解决。良好的公司治理应该成为外部（多数）股东的坚石，使管理层能够在实现股东利益最大化的前提下独立地进行经营管理活动。良好的公司治理还包括有效的透明度及对相关资料的有效披露，这些可以使外部投资者能够很好地评估公司的财务状况及管理层的业绩表现。如果公司治理欠缺，而投资者又想投资或继续投资这家公司，就不得不对业绩进行更加深入的尽职调查。当存在多个投资机会可供选择的时候，你最好能够避免公司治理薄弱的公司，因为这样的公司可能风险很高。

我们将对公司治理相关问题的案例进行研究，详情请参阅本书第 6 章。

结语

发现欺诈行为的方法没有一个可以称得上万无一失或放之四海而皆准。不幸的是,如果一家公司蓄意进行欺诈,那么即使是经验丰富的审计师和分析师也可能很难发现,等到发现时却为时已晚。我们建立起一个框架,希望能够为读者提供一个基础性的工具——如果出现一些异常情况,能够帮助读者从公司的财务报表中识别危险信号。

本章注释

财务报表信息的主要使用者是投资者和债权人,其他使用者,如记者、管理当局、律师和学生,也会对财务报表的分析感兴趣。无论他们的专业能力如何,我们将会推荐所有人对财务报表进行分析,尽管他们的职业可能并不是分析师。

本章参考资料

Muddy Waters Research. 2011. "Report on Sino-Forest Corporation," June 2.

Olympus Corporation, The Third Party Committee. 2011. "Investigation Report: Summary," December 6.

Ontario Securities Commission. 2012. "In the Matter of Sino-Forest Corporation," Allen Chan, Albert Ip, Alfred C. T. Hung, George Ho, Simon Yeung and David Horsley: Statement of Allegations, May 22.

Schilit, Howard, and Jeremy Perler. *Financial Shenanigans: How to Detect, Accounting Gimmicks & Fraud in Financial Reports* 3rd. New York: McGraw-Hill, 2010.

United States District Court for the District of Columbia. *U. S. Securities and Exchange Commission v. Satyam Computer Services Limited d/b/a Mabindra Satyam*, April 5, 2011.

亚洲财务

黑洞

第 2 章　发现收益被高估

本章对无良经理人最常操纵的目标——收益被高估的情况进行检验。从激进的报表确认（过早确认收入）到明目张胆的欺诈行为（在报表中确认虚假收入）在本章中均有涉及。本章还对一些因操纵报表结果已经遭到指控、但是还没有被判定有罪的公司的真实案例进行介绍，为能够发现类似行为提供技术及警示信号。

在本章中，我们将探寻公司收益高估的技巧，并且介绍一些可能提示存在潜在问题的警示信号（称为红色警报）。在一些情况下，公司会使用技巧对收入或某些收益的次级合计项目（如毛利或营业利润）进行高估，而不会直接高估利润表的底行收益项目（净利润）。上述所提到的技巧会在本章进行简述。

一家公司高估收益的动机究竟是什么？正如第1章所提及的，投资者和债权人都会对一家公司的盈利水平感兴趣。更高的收入或盈利，意味着在未来有可能为投资者和债权人带来更多的回报。如果管理层想要让他们的业绩在投资者或债权人的眼中变得更好，他们就会利用会计把戏高估收益，特别是在管理者的薪酬与收益或股价挂钩的情况下。

公司针对利润表所采用的修饰技巧主要分为四个类别，如图2-1所示。下面我们将对这些技巧逐一进行详细的介绍。

在本章和后续章节中，通过对公司真实案例的研究，我们将对公司使用会计把戏的技巧及用于发现问题的技术进行说明。尽管一些与案例有关的讨论在后续章节中也会看到，但是由于公司不太可能只使用一种修饰技巧，因此我们将结合所有的情况进行阐述。

图 2-1　利润表修饰技巧

激进确认收入

激进确认收入是指在货物或服务的经济性真正转移之前就在利润表中确认收入，或者在真实交易发生之前，就在利润表中确认收入——如在报表中确认虚假收入。另外，我们也将高估收益或低估损失放在此类问题中一并进行讨论。

一般来说，当公司将货物转移给消费者或向其提供服务之后才会确认收入，而确认收入的时点可能会在收到现金之前或之后。这样的处理方式导致销售行为在利润表和现金流量表上确认的时点产生差异。相比之下，某些公司会采用更加激进的处理方式——有时是在会计准则允许的范围内，而有时则是违反会计准则的。

一般来说，公司都会被要求将其使用的收入确认原则在财务报表附注中进行说明。这样可以令报表使用者对公司的收入确认原则进行验证，判断其是否与行业内的其他公司一致。比如，如果两家公司同属于计算机租赁行业，并均为出租人。其中，A 公司将其租赁业务按照经营性租赁在多个会计年度的财务报表中进行了确认，而 B 公司则将其租赁业务定义为融资性租赁，即在交易发生日（当设备安装完成）就将全部收入在报表中进行了确认。尽管这两种处理方式可能都在会计准则允许的范围内，但是相比于 A 公司，B 公司采用的方法则更为激进。而更加极端的情况是，尽管公司还未将设备转移给客户，并且还需要在未来某一时点确定设备是否能够正常使用，但在合同签订日公司就已经确认了销售收入。这样的处理方式可以说是过于激进的，甚至是不恰当的。较之更甚的是，公司会在未签订合同、没有发货和提供服务、甚至可能连客户都不存在的情况下就确认收入，即确认虚假收入。

下面让我们来区分一下收入和利得/损失。收入是一项合计数，主要来源于主营性业务活动，如货物销售或提供服务。举个例子，如果是一家餐馆，那么来自餐饮销售的金额将被记作收入，并在利润表的第一行进行列示。为实现收入而产生的任何成本均会在利润表的经营活动部分进行单独的列示。利得或损失则来源于非主营性业务，一般会将其以净额的形式在利润表中的非主营性业务部分（接近利润表的底部）进行列示。举个例子，如果一家餐馆有一台使用过的厨具设备处于闲置状态，其账面价值为 80 000 港元，若将其以 100 000 港元的价格出售给二手设备经销商,那么就会在利润表中确认一项20 000港元的净收益,而不是将100 000港元的收入和80 000港元的成本分别列示。这一区别对于报表使用者很重要,他们可以从中评估该公司有多少利润是来源于主营性业务中的商品销售和提供服务的。

现在让我们来看一个合理的现金交易,并看看它对利润表和资产负债表会产生怎样的影响。最简单的例子是公司提供服务并收取现金。简单来说,我们假设此项交易不涉及相关费用。那么,利润表中的收入和净利润都会增加,如图2-2所示。

图2-2 收入增加对于利润表的影响

当收入是收取的现金,则收益和现金流量的变化应该是一致的——公司会在报表中计入相同金额的经营性现金流。在资产负债表中,现金和未分配利润(所有者权益的一部分)同时增加相同的金额,如图2-3所示。

图2-3 收入增加对资产负债表的影响

如果还是这样一个合法的交易,但是细节有所变化,将会有怎样的不同呢?比如,由原来收到现金变为获得一项在约定天数内的付款承诺——这被称作应收账款。上述细节的变化并不会对利润表的处理产生影响。对于资产负债表的右列（所有者权益）也不会产生影响。而对于资产负债表的左列，将不再是现金账户发生变化，而是应收账款增加相应的金额。当未来客户进行支付，则现金账户增加相应的金额，应收账款减少同等金额。当然，如果客户没有支付，资产负债表中的应收账款科目将一直存在，直到公司认为该笔款项已无法收回，则会对应收账款进行减计并同时在利润表中确认损失，该处理将导致未分配利润和所有者权益的减少。

所以，当一家公司采用非常激进的会计处理方法，尽可能早地确认收入或确认虚假收入，这些都会导致需要在资产负债表中进行相应的不当处理。每当收益被高估时，资产负债表中未分配利润也同样会被高估。为了对冲影响，公司必须同时高估资产、低估负债，或者低估所有者权益的其他部分，如图2-4所示。

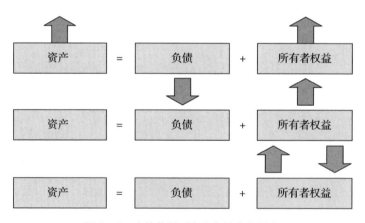

图2-4 高估收益对资产负债表的影响

在收益被高估时，最有可能出现的情况就是资产被高估。从我们之前讨论的基础案例中可知，资产高估与应收账款科目显著相关。在最极端的例子中，公司在实际上没有收到现金的情况下，却在报表中确认虚假收入并伴随应收账款的持续增加。在有些案例中，公司可能会采取非常激进的收入确认方法，比如在交易实际发生之前或在实际可确认收入之前（例如，尽管货物还未移交给客户，或者合同签订的是一段时间内资产的使用而非立即销售，公司就在合同签订之日确认收入）就在报表中进行确认。在这种情况下，当期的应收账款会出现快速增长，但是会在后续期间（希望）趋于平滑。由于会计欺诈行为一般具有重复性，即使是在后面所提到的情况下，应收账款的余额也将会出现持续非正常性的快速增长。

所以，大部分激进确认收入和确认虚假收入的案例都会导致应收账款的大幅增加。我们可以从以下几个方面来发现上述问题，比如观察一段时间内应收账款相对于收入的增长情况，检验应收账款周转天数或将经营性现金流与收益进行对比，以此来发现报告中的收入与从客户处实际收到现金金额之间的脱节。

应用：Satyam

回顾第 1 章所提及的 Satyam 案例。在这个案例中，资产负债表中的应收账款相比于收入出现了更加快速的增长：截至 2008 财年 3 月，收入增长了 46%，而公司的三类应收账款均出现更大幅度的增长，其中短期应收账款增加 51%、长期应收账款增加 80%、未开票收入（也视为应收科目）增加 111%。这是一个警示信号，提示公司有可能采取了激进确认方式或确认了虚假收入，信用标准降低，或者暗示公司从客户处收取回款的能力出现了问题。

一家公司也可以在不提高应收账款的情况下进行虚假收入的确认，但是这需要采取更具创新性的处理方法。一种方法就是公司虚构一张来自客户的现金收据——这样会在资产负债表中形成较低的应收账款和高估的现金。这一处理方法看起来并不是天衣无缝，因为有可能会被公司的审计师发现该笔现金并不存在，但是一些已经曝出的财务丑闻采取了该方法后，高估的现金却并没有被发现。例如，Satyam 在资产负债表中设立了一个"特殊"现金科目，称为"银行存款投资"，其通过该科目实现现金高估。

应用：某金融服务公司——现金

相似的情况出现在 DN 公司。DN 公司的审计师已经从 DN 公司所在地的银行支行得到有关现金余额的确认。而在一份提示 DN 公司出现财务问题的报告公布之后，审计师决定最好还是应与银行总行确认现金余额。当 DN 公司发现其有此计划时，便辞退了审计师。随后，公司向审计合伙人承认，因之前确认的一项"虚假"收入而使得在资产负债表中产生了一笔"虚假"现金。实际上，DN 公司的资产负债表中的现金余额超过公司总资产的一半——显然这样的情况是不应该出现在制造行业的公司的，一般来说这类公司主要的资产应该是物业、厂房及设备。

注：完整的案例研究详见本章结尾。

随着时间的推移，已经出现另外一些创新性的篡改账目的方法，用来降低应收账款余额，而某林业公司就是一个很好的案例。

应用：某林业公司

某林业公司成立了其他几家公司，并且实际拥有它们的控制权。随后，某林业公司进行了虚假木材销售。在此情况下，应收账款（来自虚假销售）和应付账款（由于所谓的木材购买而形成的一项负债）都被高估了。某林业公司执行了另一项方案，通过可控的"客户"和"供应商"来抵消应收账款和应付账款。当然，当销售价格超过购买价格的时候，将不能实现完美的抵消。因此，为了能让该方案持续运作下去，公司需要确认更多的购买和销售。另外，为了满足会计恒等式的平衡要求，公司需要高估一部分资产。上述处理方法将导致存货（它被称为林业资产，并且被视作一项投资——该分类值得商榷，所以在本次讨论时我们将其认定为存货）被高估。

下面对上述处理对资产负债表造成的影响进行总结（向上箭头代表高估，向下箭头代表低估）：

虚假销售

↑应收账款（资产）　↑所有者权益

虚假购买

↑存货（资产）　↑应付账款（负债）

抵消应收账款和应付账款

↓应收账款（资产）　↓应付账款（负债）

最终结果

↑存货（资产）　↑所有者权益

最终，它会使收益、所有者权益及存货被高估。由此你可以得到如下结论：激进确认收入或确认虚假收入会导致一些资产被高估，这有助于你确定要从何处查找潜在的问题。应收账款、现金、存货或投资等类似资产类科目最有可能被高估。

注：完整的案例研究详见本章结尾。

低估或递延确认费用

另一个可以使报表中呈现更高收益的方法是低估费用或损失，具体做法为避免在当期将全部费用和损失进行确认或将其递延至后续期间再进行确认。该方法对于利润表的影响在图 2-5 中进行了说明。

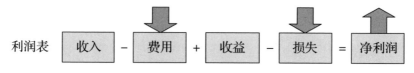

图 2-5　对利润表中的费用或损失进行低估

和高估收入一样，高估收益、低估费用将会导致未分配利润（所有者权益的一部分）被高估且必须通过高估资产、低估负债或低估所有者权益的其他组成部分来进行抵消，详见前文中的图 2-4。例如，一家公司销售货物（存货），并且在利润表中确认收入，但是并没有将存货成本结转为销售成本，收益和存货均被高估。随着时间的推移，这将导致资产负债表中的存货出现大幅增加。事实上，公司是将存货的相关费用递延到后续期间进行确认。

另一种递延确认费用的方法是将费用资本化计入资产负债表，而非将其作为费用计入利润表。例如，公司将费用错误地分类为物业、厂房及设备或其他递延性资产。一些公司还会在资产负债表中为递延费用新设立一个科目，如"递延客户购置成本"，而这一做法也是合法的，如在保险业此做法常被用于处理协议支付的长期合同，该账户通常被用于避免在利润表中确认营销费用。

一家公司也可以通过不在资产负债表中确认负债来低估费用。比如，公司与服务提供商签订合同并产生一笔费用，但没有支付现金。对此，公司既没有确认负债也没有确认费用，从而导致在低估负债的情况下收益和所有者权益被高估。随后，当支付现金时公司一定要确认费用，但是可能会因为新业务发生而故技重演，导致持续存在收益高估，费用发生时不确认负债而对其进行了再次抵消。另外，一个更加复杂的方法则涉及另外一家公司。A 公司设立另外一家公司，即 B 公司，在某种情况下 B 公司的报表不会与 A 公司进行合并。一些费用（损失）将会转移至 B 公司从而使得 A 公司的收入被高估。A 公司也可以不将支付的费用或发生的损失确认为负债，这种做法甚至可能是合法的。DN 公司就采用了该项财务技巧。

应用：某金融服务公司——合并报表外关联公司

某金融服务公司（以下简称 DN）设立了一家新公司，厦门某人力资源服务有限公司，其是 DN 主要的人力资源提供商，但该公司并不与 DN 进行合并报表核算。该公司向美国证券交易委员会进行了如下披露：

另外，截至 2010 年 3 月 31 日，员工总计 4 258 人，与第三方人力资源公司签订合同的员工共计 3 413 人，而这其中有 3 235 人是与厦门某人力资源服务有限公司签订的合同，该公司与我们不存在任何关联性。

事实上，员工和与他们相关的费用会保持在"账外"，并在另一家关联公司进行核算，同时他们仅支付给厦门某人力资源服务有限公司非常低的服务费。

与之类似，一家公司可以通过其他方式避免确认损失。举个例子，如果公司拥有的资产出现贬值，公司仍旧可以在资产负债表中按照原来更高的成本/价值进行确认。这样做会使公司的利润、所有者权益及资产都被高估。相反，一家公司由于某些事件或法律因素导致出现损失后，应该在资产负债表中确认负债，同时在利润表中确认损失。而该公司会简单地选择不确认负债或损失，这将导致利润、所有者权益被高估，而负债被低估。

非经营性收益的划分

比起利润表中的底行项目——净收益或净利润，很多分析师都将焦点集中在后续的收益上。比如，通常情况下人们通过经营性收益来关注公司的主营业务经营情况。这确实可以有助于理解究竟有多少利润是来自公司正常的可持续性业务,当然我们也必须要明白公司也会意识到这一点,并可能试图去误导我们。一个无良经理人常用的伎俩就是将非经营性收益划分为经营性收入(并且以合计数计入报表而非净值),如图 2-6 所示。这会导致收入和经营性收益同时被高估,但是净利润并不会受到影响。

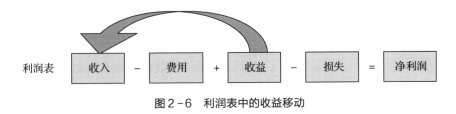

图 2-6 利润表中的收益移动

非经营性费用的划分

另一种可以使正常经营性收益看起来更高的惯用方法是将费用在利润表中下移至"特殊"或"非正常性"项目,如图 2-7 所示。由于会计准则对于哪些可以划分为"非正常性"项目的规定非常严格,为了能够灵活地确认费用,公司会使用另外一个科目,如特殊性费用。你应该依靠自己的判断力去评估这些特殊性项目的本质到底是什么。出于分析目的,很多分析师会简单地将其重新分类并加回到正常经营性费用中。

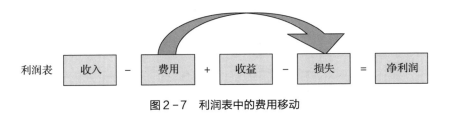

图 2-7 利润表中的费用移动

结语

通过本章的讨论和案例研究，我们已经看到公司可以使用很多会计把戏来实现收益高估。事实上，公司使用会计把戏最常见的一个动机就是高估收益。对于分析师来说，幸运的是使用会计把戏一定会对资产负债表产生影响，将其与利润表中的收益和现金流量表中的现金流进行对比就会发现其中的问题。基于本章的案例及其他由作者验证的案例，我们将这些会计把戏进行综合整理，并建立了一个警示信号和分析技巧的清单（见表2-1），用于发现导致收益被高估的潜在问题。另外，结合这些警示信号，分析师应该观察管理层是否是受某种压力所迫或存在动机去增加当期收益的。

表2-1 警示信号和分析技巧的清单

类别	警示信号和分析技巧
激进确认收入	• 审核附注中的收入确认原则，并与同类公司进行对比 • 来自客户的应收账款比收入增长得更快吗 • 经营性现金流明显低于会计利润吗 • 年末会出现重大的收入确认吗
低估或递延确认费用	• 公司的折旧/摊销期限是否比同类企业长 • 在资产负债表中，有没有将递延费用计入资产项目（递延所得税以外的其他资产项） • 存在任何非常规性资产吗？或者存货，特别是与收入相关的资产项出现了无法解释的大幅度增长吗
非经营性收益的划分	• 是否将"收益"并入收入 • 公司的经营业务描述合乎情理吗 • 是否将一次性或不经常发生的项目并入收入 • 是否存在任何基于资产评估而确认的收益或收入

（续）

类别	警示信号和分析技巧
非经营性费用的划分	• 是否将任何费用或损失以"特殊"、非正常性项目的名义在利润表的底部进行列示 • 相关比率是否总是比同类企业高（此项也适用于递延费用）

案例研究

以下案例中提及的公司由于操纵报表可能已经遭到指控——但并不一定被判有罪。这些案例论证了本章提及的很多概念。注意其中的一些概念可能与后续其他章节中的内容有关；然而，完整的案例研究更能证明会计操纵的多样性。

DN 公司

背景资料

- 这是一家在开曼群岛注册的公司（纽约证券交易所上市公司，最高市值达到 24 亿美元），为中国的金融机构提供软件解决方案和服务。

- 公司于 2007 年 10 月 24 日上市，每股首次发行价格为 17.50 美元，融资金额达到 2 亿美元。承销商为高盛、德意志银行和杰富瑞投资银行。

- DN 于 2009 年 11 月 18 日进行股权再融资，每股发行价格为 31.25 美元，融资金额超过 1 亿美元。承销商为德意志银行、摩根士丹利、Janney Montgomery Scott、考夫曼兄弟（Kaufman Bros.）、麦格理投资银行（Macquarie Capital Partners）、Needham & Co. 和威廉布莱尔公司（William Blair & Co.）。

- 截至 2010 年 3 月，DN 公司财报中确认毛利率为 69%，非公认会计准则下确认的营业利润率为 49%，而同类企业的毛利率一般为 15%~50%，营业利润率一般在 10%~25% 甚至更低。由此可知，DN 公司的这两项比例都远高于同类企业。

发生了什么

- 2011 年 4 月 26 日，Citron Research 发布一份报告，提出了有关欺诈的四项指控：
    1. 69% 的毛利率和 49% 的营业利润率明显过高，远高于同类竞争对手。
    2. 员工聘用模式使 DN 可以将主要的成本置于表外并转移至厦门某人力资源服务有限公司，而 DN 声称与这家公司并无关联性。
    3. 对于 DN 的董事长和首席执行官的前雇主指控其进行不公平商业交易的事情未做披露。
    4. 在公司上市后的 4 年中，DN 的董事长将 70% 的股权赠予员工和朋友。

- 作为对 Citron 研究报告的回应，2011 年 4 月 28 日 DN 对之前宣布的 500 万美元的回购计划进行修改，将回购金额增加到 1 亿美元。

- 2011 年 5 月 2 日，DN 的首席财务官 Jack 发表声明，他已经辞去人人网审计委员会主席一职，由于当时人人网正紧锣密鼓地筹备上市（IPO），Jack 辞职是最好的选择，这样就不会让外界对人人网产生无端的关注。

- 2011年5月9日，Citron又发布了一份研究报告，根据法律文件显示厦门某人力资源服务有限公司与DN之间存在联系。厦门某人力资源服务有限公司向中国国家工商管理总局披露的财务文档数据与DN向美国证券交易委员会提供的数据不符。

- DN于2011年5月18日发表声明称，他们不会在周一即2011年5月23日提交第四季度和年度财务报告数据。这一做法导致DN在纽约交易所的股票于2011年5月18日被美国证券交易委员会停止交易。

- 自2011年5月22日起，德勤会计师事务所不再担任DN的独立审计机构。该决定是多重因素导致的，包括伪造财务记录、管理层故意干扰独立审计人员审计工作及非法扣押独立审计人员的审计文件。德勤进一步解释说已经无法再相信管理层的信誉及之前财年的财务数据。

- 2011年8月16日，纽约证券交易所决定在2011年8月17日开市之前将DN股票暂停交易。公司有权提起上诉并决定退市，但是却没有在规定的期限内提交申诉请求。

- 2011年8月19日，Citron发表观点评论DN可作为潜在并购目标。Citron提到DN为中国最大的银行提供软件解决方案服务，而且他们的调查显示其在退市后该经营业务仍会继续。他们表示如果DN只是"半欺诈"（"half a fraud"），那么公司的股价将会从现在每股0.80美元上升至每股4~5美元。

- 然而，后来DN的股价出现大幅度下降，如图2-8所示。

图2-8　DN的股价走势图

资料来源：Bloomberg 价格数据。

警示信号

- 69%的毛利率和49%的营业利润率高得惊人，远超过同类竞争对手，如文思信息技术有限公司（VanceInfo）、柯莱特信息系统有限公司（Camelot）、海辉软件国际集团公司（HiSoft）和北京软通动力信息技术有限公司（ISS）。
  - 同类公司财报中的两项指标均远低于DN，毛利率维持在15%~50%，营业利润率维持在10%~25%甚至更低。在以成本竞争力为优势的中国，DN的该项指标与同类公司形成的巨大差异使其遭受了巨大质疑。
  - DN认为其虽然没有采用GAAP财务核算方法，但其财务报表数据能够为管理层和投资人提供有效信息，而其选择不披露的项目也都是与公司主营业务状况无关的信息。
  - 管理层解释说高比率源于标准化软件的销售，并声称其采用的解决方案及软件模块能够使公司在有效争取新客户时所耗用的人力和成本比同类公司更少。

- 员工雇佣模式使 DN 可以将主要的成本置于表外并转移至厦门某人力资源服务有限公司。
  - 截至 2010 年 3 月 31 日，DN 共有员工 4 258 人，其中 3 413 人（80%）受雇于第三方人力资源公司。在受雇于第三方人力资源公司的员工中有 95%（3 235 人）由厦门某人力资源服务有限公司负责招聘，但是这家公司仅为 DN 一家公司提供人力外包服务。（另外的 5% 则是由北京外企人力资源服务有限公司及上海派遣人才有限公司负责招聘，以上两家公司还为除 DN 以外的公司提供服务。）
  - 2011 年 4 月 26 日，Citron 报告称尽管 DN 一再声称厦门某人力资源服务有限公司不是其关联企业，但厦门某人力资源服务有限公司用了 DN 的名称，使用了相同的邮箱，并且与 DN 在同一座写字楼办公，且 DN 还是他们唯一的客户。厦门某人力资源服务有限公司成立于 2007 年 5 月，正好是在 DN 首次公开募股的前几个月。尽管其是 DN 最大的一笔项目支出，直到 2008 年 7 月的年度报告才提及厦门某人力资源服务有限公司。而且 DN 与厦门某人力资源服务有限公司之间并没有签订任何长期合同，也不需要向其支付任何罚金或最低限额的相关费用。当其外包服务关系遭到质疑时，DN 终止了所有人力外包合同并与所有雇员直接签订劳务合同。厦门某人力资源服务有限公司没有网站，并且也没有招揽客户的意思，尽管其刚失去了唯一的客户。
  - DN 发表声明称人力外包协议是其实现高额利润的原因之一。然而，在抛开厦门某人力资源服务有限公司以后，公司声称不会因为这种合作关系而受到任何处罚和成本、利润率的损失。
- 2011年5月9日，Citron报告称Longtop的法务部门职员以厦门某人力资源服务有限公司的名义签署了多项其与政府部门间的文件，这一点也证明了其与厦门某人力资源服务有限公司之间存在关联。
- 厦门某人力资源服务有限公司在向中国国家工商行政管理总局提供的财务报表中显示收入总额（或服务收费）仅为510万元人民币，与此同时，DN其20-F报表中显示厦门某人力资源服务有限公司收到的服务费用保守估计为4亿~5亿元人民币。其他国家工商行政管理总局的文件也显示，厦门某人力资源服务有限公司出于DN员工的利益，少缴了向政府机构支付的相关费用。

- 未对DN的董事长贾某及首席执行官连某的法律背景进行披露。
  - 在DN成立之前，董事长和首席执行官任职于厦门某计算机公司，他们在招股说明书中轻易略去了个人简历的相关信息，其原因可能是他们会因为不正当的商业竞争遭到其以前任职公司的起诉。
  - 在诉讼中，他们被发现应对其行为负责，即在领取厦门某计算机公司薪水的同时却为自己创立的厦门某电子公司工作。而这家电子公司是他们与其他两个人在1996年7月15日成立的，并在其雇主不知情的情况下，非法招聘了43名员工。
  - 该诉讼还指出，在1996年10月15日，连某与厦门某计算机公司的一个重要客户签订了合同，但是在合同中并没有标明他现在是为某电子公司工作，而并不是厦门某计算机公司。这两家公司的名字无论是中文还是英文表述都很相似，客户可能会觉得与他们签订合同的是厦门某计算机公司。

- 1996 年 11 月 26 日，贾某和连某给厦门邮政局发信，表示"由于业务需要，我们的公司地址从厦门互利信息大楼 5 层变更为厦门新中路环建大厦 11 层，请将相关信件寄送至新地址"，这个新地址是他们设立的邮政信箱，以便非法拦截相似名字公司的信件。

- 在公司上市后的 4 年中，DN 董事长将其持有股票的 70% 赠送给员工和朋友。
    - Ciron 认为这笔涉及 900 万股股票、价值 2.5 亿美元的交易没有公开的记录。这笔资金有可能用于偿还 DN 的潜在债务或给董事长贾某带来数额不详的收益。
    - 这笔交易有损于管理层的信誉，特别是在完全缺乏透明度的情况下。

- OLP Global 回顾了 DN 进行的 20 个并购项目并发现了红色警报，即大部分并购目标公司都出现了亏损，并且经营费用远高于其经营业务规模应有的水平。其他红色警报还包括所有权问题及含糊的披露，以至于投资人可能无法独立核算交易数量。

重要的教训

- "终极外包"严重影响相关信息的透明度，并成为其他因被发现财务欺诈而崩塌的中国上市公司的普遍特点。举个例子，某些公司声称负责公司巨额销售收入的广告团队是外包的。DGW 和 DP 公司同样宣称外包了销售渠道。

- 外包形式使审计师从审计角度难以拆解相关数据，并且隐藏了很多指标，而这些指标对于深入了解公司运营具有重要意义，如员工人均销售额、员工人均成本等。由于公司可能存在一个关联方，从业务的角度看这种安排是没有任何意义的。

- 在以成本竞争力为优势的中国，如果利润高得惊人，说明该指标有可能过于优秀以至于并不真实。

- 不要依赖管理层预测的收入和数据的增长。

 案例2.2   JH 林业

背景资料

- JH 林业是中国大型私人林业管理公司，报告中显示其拥有 79 万公顷（1 公顷 = 10 000 平方米）林业资产，账面价值为 25 亿美元。

- 公司成立于 1994 年，并于 1995 年通过反向收购壳公司在加拿大多伦多证券交易所成功上市。

- 2003—2010 年，公司发行公司债及股票共计募集资金 30 亿美元。

- JH 财报中显示了强劲增长及相关盈利指标：2005—2010 年，收入增长至 19 亿美元，复合年增长率（CAGR）达到 42%，而净利润增长至 3.95 亿美元，复合年增长率达到 56%，净利润率达到了 20.5%。

- 在上述期间，公司每股价格上涨超过 300%。

- 截至 2011 年 5 月底，公司股票市值为 45 亿美元，企业价值为 53 亿美元。

- JH 拥有优秀的投资人背景，其中包括 Paulson（14%）、Davis Advisors（11%）及 Capital Group（4%）。

发生了什么

- 尽管 JH 表现强劲，但公司的经营模式仍然遭受质疑。

- 主要的问题汇总如下：
  - 尽管公司的业务，比如人工林买家与卖家之间的中介代理业务附加值较低，但其息税折旧摊销前收益（EBITDA）仍然很高，相关比率维持在 60%～70%。
  - 由于公司并没有披露有关人工林买卖双方的相关信息，导致公司的业务模式不清晰。管理层提到这些授权中介机构（AIs）是公司竞争优势的来源之一。
  - 尽管公司通过发行债券和股票募集了 30 亿美元，但在过去 5 年公司的自由现金流仍是负的。公司没有向股东进行过任何分红。

- 2011 年 6 月 2 日，研究机构 Muddy Waters 发布了一份报告，指责 JH 存在大规模欺诈，并且通过反复的有效资金募集形成了一个庞氏骗局，见表 2-2。JH 公司的股票在暂停交易之前出现了 25% 的下跌。

- 2011 年 6 月 3 日，JH 对有关公司的一切断言予以否认，并单独成立了处理委员会。股票在恢复交易后继续下跌 64%。

- 2011 年 6 月 8 日，安大略省证券委员会对其展开调查。

- 2011 年 6 月 21 日，JH 最大的股东 Paulson 将其所持有的 14% 的股票全部抛售。

- 由于安大略省证券委员会怀疑JH存在欺诈行为，对其股票采取停牌。公司董事长及首席执行官于2011年8月辞职。

- 2011年12月，JH发表声明称其将对在外发行的公司债违约。

- 董事会成立了独立委员会对欺诈行为进行调查，在2011年11月完成临时调查报告并在2012年1月完成报告的最终版。该报告的调查结果并没有打消投资者对公司主营业务的疑虑：
  - JH只有18%的林业资产具备官方人工林林权证明及注册文件。声明中表示报告中持有的林业资产仅有交易记录作为支持，而没有相关的官方证明文件。
  - 无论是关于JH的林业资产还是其来源于销售的收入，均没有得到第三方独立机构的验证或证明。
  - JH、AIs及供应商之间的联系紧密，而且无法证明他们之间的交易是在相互独立的前提下按照市场公平原则进行的。
  - James，一名董事会的董事，并且是独立委员会三名成员之一，在临时调查报告发布之前两周辞职。
  - 报告中强调了公司治理方面存在的一些主要问题，其中包括缺乏统一的财务系统、内部审计职能缺失及团队的协同管理能力欠缺。

- 2012年5月，安大略省证券委员会对JH管理层的欺诈行为提出指控。
  - 安大略省证券委员会对其欺诈活动的指控细节（见表2-2）包括

对其通过多重代理商进行木材销售及现金循环模式（向关联方购买木材并支付现金，然后又以冲减应收账款的方式重新回到 JH）的质疑。

表 2-2 对 JH 欺诈行为的指控

关键指控	Muddy Waters 指控	公司/其他研究机构反驳
通过授权的中介机构（AIs）	通过未获得许可的中介机构为公司直接进行交易（见图 2-9）： • JH 曾经拥有具备资质许可的全资控股公司，但是在 2003 年消失，并且未披露原因 • 公司拒绝披露中介机构的身份，使得无法对其收入进行确认 • 根据管理要求，中介机构负责税费缴纳，因此 JH 并没有官方税收收入来证明报告中的销售额	• 第三方行业报告指出，JH 获得的人工林销售数额显示其具有很强的竞争力，并且不公开披露是合理的 • 中介机构可能是政府关联企业或通过不正当的方式获得了林权且不想其身份曝光 • 管理层在 2011 年公布了其中一家中介机构的名称，但是这家中介却变成了关联方
高估预备林	JH 报告称在云南购买了 20 万公顷的人工林： • 与云南的代理进行核实，其中只有 1.3 万公顷得到证实 • 其他代理称向 JH 出售人工林的公司是由 JH 的高管控制，并且该公司的资产负债表让人难以置信，其最主要的组成部分就是来自 JH 的应收账款 • 指控其高估预备林价值 8 亿美元	• 公司业务流程存在缺陷。JH 可能仅买入了成熟活立木的采伐权而并没有种植新的树苗（种植权），并且可能一直保持这种代理模式 • 虽然几年后，当活立木被采伐，这种模式将加重对于公司业务可持续发展的质疑，但是未采伐的林产仍然归属于 JH，并且计作预备林 • JH 管理层发表声明称他们将在获得市有关部门核准后发布相关协议
夸大收入	• 2010 年 JH 报告中显示木材销售为 5 600 公顷，这一数据大于公司合同签订的面积，并且也超出了相关地区的采伐限额	• 销售的木材并不会马上被采伐。有时客户需要等所购买的林木生长成熟后再进行采伐

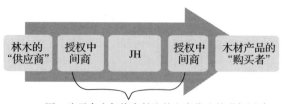

图2-9 授权的中介机构的结构图

警示信号

- JH的代理商骗局是遭到指控的核心,这一模式允许公司可以在没有第三方证明的情况下在报表中确认销售、购买及预备林等相关信息。

- 尽管在报表中经营性现金流为正,但是用于收购林权的现金支出持续高于现金流入。

- 在过去的4年中,伴随对林业资产的投资,JH的应收账款出现了显著的增长。正如表2-3所示,收入自2007年至2010年上升了169%,应收账款上升超过500%,并且在公司的应收账款和应付账款没有对冲的情况下还会更高。值得注意的是,基于合并核算的应收账款和林业资产的相关数据几乎实现了200%的上升。同样值得注意的是,在过去的4年里,应收账款和应付账款的变动情况很相似。

表2-3 发现收益被高估

(单位:100万美元)

项目	2010年	2009年	2008年	2007年	2007—2010年的增长
收入	1 924	1 238	901	714	169.47%
应收账款	637	282	226	105	506.67%
林业资产	3 123	2 183	1 653	1 174	166.01%

(续)

项目	2010 年	2009 年	2008 年	2007 年	2007—2010 年的增长
合计	3 760	2 465	1 879	1 279	193.98%
应付账款	500	250	182	108	362.96%

项目	2010 年	2009 年	2008 年	2007 年
收入	1 924	1 238	901	714
净利润	395	286	229	152
不考虑△营运资本变动的经营性现金流	1 174	826	542	456
△应收账款变动	(346)	(59)	(111)	(24)
△其他营运资本变动	12	17	53	7
经营性现金净流量	840	784	483	486
林业资产增加	(1 359)	(1 032)	(657)	(640)
其他投资性支出	(43)	(36)	(47)	(52)
经营性和投资性现金流合计	(562)	(285)	(221)	(206)

数据来源：ThomsoReuters。

重要的教训

- 经过上述分析后，这里还有几个警示指标需要投资者注意：
  - 通过反向收购实现上市，这与传统的首次公开募股方式相比规避了尽职调查。
  - 复杂模糊的商业模式及与无法辨别身份的关联方进行交易。
  - 自由现金流持续为负。
  - 自上市以来多次进行资本融资，但是股东未获得资本回报。
  - 管理层持股有限，董事长持有公司的股权少于3%。

- 知名投资者的存在并不能确保投资安全。
  - 在遭到指控前，Paulson、Davis Advisor 和 Capital Group 是公司的大股东。
  - Richard Chandler 和 Wellington 在公司遭到公开指控后都购买了大量股权。

案例2.3　DF 公司

背景资料

- DF 是一家为中国教育机构提供教学管理服务的公司。在中国，公司旗下管理了三所学校。公司通过其主要的分支机构 DFL 获取经营性收入。

- 公司于 2006 年 6 月 1 日在新加坡创业板（目前被称为 Catalist）上市，以每股 0.35 美元发行 3 328 万股，募资金额约为 1 200 万美元。

- DF 被认为是一家具有盈利性及运作良好的公司，其报告中显示自 2002 年至 2004 年收入和净利润的年复合增长率（CAGR）分别为 38% 和 56%。

- 在 2004 财年，DF 宣布预计收入将达到 4 210 万元人民币、毛利润为 3 160 万元人民币，毛利率和净利润率分别为 75.1% 和 60.6%。经营活动产生可持续性现金流入且无负债。

- 公司管理的两所学校 OPC 和 HO 都位于广东省东莞市。第三所学校 ND 位于江西省南昌市。

- DF 通过 DFL 拥有 ND 和 HO 100% 的股权。OPC 是东莞百盛投资发展有限公司的全资子公司。

- 东莞百盛投资发展有限公司最主要的资产位于东莞 OPC 的所在地，面积为 184 400 平方米，该公司向外借款并以此资产作为担保。

- 东莞百盛投资发展有限公司（以下简称百盛）的股东及持股比例如下：DF 的首席执行官王某持有 51.5% 的股权、朱某持有 36.5% 的股权、赵某持有 6% 的股权及马某持有 6% 的股权。朱某担任 DF 非执行董事，而赵某和马某则担任 DF 及其分支机构的高级经理。

- Raffles Education 在 2006 年购买了 DF 29.9% 的股权，但其作为被动投资者在董事会或管理层均没有席位。Raffles Education 的首席执行官周某认为 DF 作为一家上市公司拥有自己的管理团队、审计人员及公司治理架构，可以说这是一项安全的投资。

- DF 聘用的审计机构是毕马威（KPMG），HL Bank 是其管理人及 DF 的承销商，负责其首次公开募股的发行业务。

- 公司主要的股东：
  - Raffles Education：29.9%。
  - 王某（首席执行官）：25.4%。

- 董事会成员：
  - Leow Poh Chin（非执行董事）。
  - Lai Seng Kwoon（独立董事）。

– Prof. Tan Teck Meng（独立董事）。

发生了什么

- 2009年2月24日，DF公布了2008年财报数据，其中截至2008年12月31日，公司现金及现金等价物余额为2.344亿元人民币。

- OPC向DF报告称，截至2008年12月31日，其学员数量为3 000人。而在2009年3月管理层核查之后，却发现学员人数仅为2 200人。

- 首席执行官王某向董事会报告称，南昌的ND自2003年年末开始经营以来，已从2004年开始实现盈利，并且自2004年开始已经将该学校的财务数据反映在DF的合并财报中。

  然而，南昌的ND被发现整体亏损，并且其学员数量远远低于饱和量。另外，HO于2008年开始营业，虽然公司在财务和相关记录上都对其真实财务状况进行了伪造和粉饰，但自其运营开始也出现了亏损。

- 2009年3月12日，DF发表声明称首席执行官王某已向公司承认最初报告的现金数额被严重夸大。同时王某还承认自2004年至2008年销售收入、现金余额都被夸大了，并且将未知数额转移至关联方。DF的股票在2009年3月9日被停牌，王某不再担任首席执行官。

- 普华永道被指定为特殊财务审计机构对公司展开独立财务审计。

- 2009年7月2日，首席财务官Chan Kheng Hock辞职，并成为DF的秘书。2009年3月11日，首席技术官雷某被任命为首席执行官，之后由于其在公司如何维持中国境内运作的问题上与董事会持有不同意见，雷某于2009年12月辞职。

- 基于 DF 2004—2008 财年的年度财务报告，五年间总收入及累计税后利润分别达到 3.285 亿元人民币和 1.73 亿元人民币。然而，普华永道在对"经修订的账户"进行特别审计的过程中发现，同期总收入仅为 1 990 万元人民币，同时还出现了累计 5 540 万元人民币的亏损。

- 普华永道在进一步的调查当中试图调整修订账户与财报中账户的差异。这是因为普华永道无法确定三所学校的实际学员人数，而公司正是通过夸大五年间在校学员人数来达到夸大学费收入的目的。

- DF 2004—2008 财年的年度财报显示收入为 3.285 亿元人民币，其中 2.122 亿元人民币是通过 DFL 对 OPC 进行管理并收取的管理费。1.141 亿元人民币来自 ND 的收入。然而，基于普华永道从银行获得的确认，截至 2008 年 12 月 31 日，DF 的银行存款余额仅为 180 万元人民币，而不是 DF 在 2008 年公布的 2.344 亿元人民币。差异主要来自两个银行账户：一个是由 DFL 在广东发展银行开立的，另一个是由 ND 在中国工商银行开立的。

- 自 2009 年 3 月事发起，董事会试图维持 DF 在中国境内分支机构的运作。

- 2010 年 12 月 2 日，公司召开紧急会议通过了关于聘请 BDO LLP 为 DF 清算人的决议。最终公司于 2011 年 5 月 30 日从新加坡创业板退市。

警示信号

DFL

- 报告中显示有 2.122 亿元人民币是公司通过 DFL 对 OPC 进行管理并收取的管理费（2004—2008 财年的年度财务报告），然而 DFL 的银行存款对账单显示五年间 DFL 仅收到 9 030 万元人民币。

- 对这 9 030 万元人民币，DFL 在一个月之内向外支付了 8 390 万元人民币，对应的收款方如下：

  - 百盛：940 万元人民币。
  - OPC：813 万元人民币。
  - 深圳某投资公司：6 350 万元人民币。
  - 东莞某担保公司：280 万元人民币。

  深圳某投资公司的股东是首席执行官王某（28%）、朱某（22%）、赵某（10%）及马某（10%）——他们同时也是百盛的股东。

- 另外，DF 还向 DFL 注入资金 4 624 万元人民币，DFL 在一个月内向外支付了 4 010 万元人民币，对应的收款方如下：

  - 百盛：3 505 万元人民币。
  - 东莞某商业公司：500 万元人民币。

ND

- 普华永道预测 ND 在 2004—2008 财年的收入大约为 7 000 万元人民币。其中，3 200 万元人民币来自 DFL、百盛及深圳某投资公司，而这些收入并不是学员向学校支付的学费。

- 在 3 800 万元人民币收入中，经过普华永道查明，仅有 1 290 万元人民币是来自学员向学校支付的学费。然而在 ND 的账户中则确认了 1.141 亿元人民币，其称该笔资金主要是学校的学费。

不明原因的支付和收入

- 通过查询，2003—2008 年 DFL、ND 及东莞 DFL（上述公司是 DF 的子公司，主要的经济活动就是对外投资并控股）的银行存款对账单，结果显示 4 300 万元人民币是由这三家子公司与其外部实体 DF 产生的。

- 另外，来源于 DF 以外实体的约 4 130 万元人民币的收入没有获得足够的证明文件。

- 上述提及的所有子公司间的交易并没有在各子公司内部进行记录，也没有在年报中提及。

- 关于董事会的支付行为也没有相关的证明文件。

公司治理

- 关于使用银行存款对外进行支付但不进行会计记录一事，是经 DFL 北京总部的一名会计师（财务章）和首席执行官王某（法人代表章）两人批准并盖章的。

- 其他三名董事会成员（两位独立董事、一位非执行董事）并没有得到关于该项支付的告知。

重要的教训

- 更加透彻地来看待这些大名鼎鼎的战略投资人（例如，本案例中的

Raffles Education），看看如果他们在公司治理的过程能够在董事会拥有一个席位，事情将会是怎样的。

2006年12月，Raffles Education从两个UOB私募股权基金手中购买了DF 29.9%的股权，但没有寻求DF董事会的席位。尽管在中国的教育领域，可以说Raffles Education是一个聪明理智的投资者，但也被DF欺骗了。

- **管理层与股东之间的利益结盟**
以DFL作为媒介将OPC的现金转移出去，王某向百盛及深圳某投资公司进行支付，而其正好分别持有上述两家公司51.5%和28%的股权。这就允许王某在损害股东利益的情况下使自己获得了利益。由此可知，集团内部的利益并不一致。

首席执行官王某仅拥有DF 25.4%的股权，低于Raffles Education的29.9%。这一较低的持股比例差距，说明首席执行官与股东之间无法保持利益一致性。

- **公司治理的监督**
百盛的股东包括DFL的两名高级经理人，DF的一位非执行董事及首席执行官王某。这就可以理解这四个人是如何及为什么通过百盛来拥有OPC的了。并且，审计师应对DF从OPC获得收入后将如何管理该笔资金予以关注。

本章参考资料

Citron Research reports on Longtop Financial. 2014. www.citron-research.com, as of 12 January 2014.

Muddy Waters Research. 2011. "Report on Sino-Forest Corporation," June 2.

Norris, Floyd, 2011. "The Audacity of Chinese Frauds," *New York Times*, May 26.

Ontario Securities Commission. 2012. "In the Matter of Sino-Forest Corporation, Allen Chan, Albert Ip, Alfred C. T. Hung, George Ho, Simon Yeung, and David Horsley: Statement of Allegations," May 22.

Pricewaterhouse Coopers. 2009. Announcement to Oriental Century Limited shareholders, May 26.

亚洲财务
黑洞

第 3 章 发现财务业绩被夸大

本章将分析那些试图让自己的财务业绩看起来比实际要好的公司。夸大财务业绩的行为通常会伴随着高估资产，尽管并不是一定会出现这样的情况。公司可能想要同时低估资产和负债从而提升盈利指标（例如，资产收益率）或改善债务指标（使相关负债比率看起来更小）。本章将为你提供相关技术和工具，用以发现此类问题。

收益是投资者关注的典型指标，而公司管理层为了能够获取更高的报酬就会有意高估收益，同时这也是其夸大公司财务业绩的动机。上述做法会呈现出一个看似更强大的资产负债表，或称为财务状况表。债权人通常会关注资产负债表，而大多数投资人同样关注资产负债表。事实上，投资者常用的财务指标，比如资产收益率和权益收益率，都需要根据资产负债表中所披露的数据计算得出，也正因如此，资产负债表成为管理层操纵的目标。正如上一章中所阐述的，我们的观点是所有的投资者都应该将资产负债表和利润表结合起来进行验证，两张报表之间存在相互作用。资产负债表可以通过会计恒等式来表示，具体情况如图3-1所示。

图3-1 资产负债表中的会计恒等式

夸大财务业绩可以使公司的资产负债表看起来更加强大。最常见的做法是同时将资产和负债置于报表之外——事实上，一些会计准则是允许这样做的（比如经营性租赁）。这样做可以改善财务状况，特别是财务杠杆指标。此外，公司也可以选择将负债持续置于报表之外，具体做法包括表外融资或不对损失进行确认。还有一种做法是高估资产——既可以将资产直接显示在资产负债表中，也可以将其置于表外，如以商品储备的形式存在。然而，高估资产负债表中的资产确实会损害公司的一些财务指标，在后文中我们将看到这种情况。对资产负债表进行会计操纵的最常见方法如图3-2所示。

图3-2 对资产负债表进行会计操纵的常见方法

如果公司想要低估负债，就必须要低估资产或高估所有者权益。如图3-3中前两个等式所示，为了满足会计等式两端的平衡，如果公司想在资产负债表中高估资产，那么通常会高估所有者权益（另外一种选择是高估负债，但是这样做会使财务状况看起来不好）。如果一家公司对表外资产的价值进行高估（例如，稀有金属或原油储备），就不需要为了满足资产负债表的平衡要求对表中的其他部分进行调整。所以，分析师必须对财务报表附注和外部信息进行验证，用以发现和评估这些资产的价值。

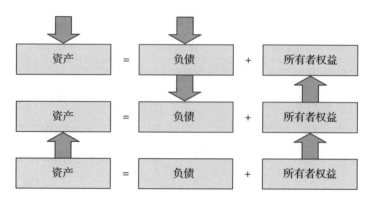

图3-3 对资产负债表的影响

将资产和负债置于表外

将资产和负债置于表外是最容易实现的,当前的会计准则也允许使用一些方法达到这样的结果。而一家公司想要低估资产则被看作奇怪的想法,因为通常来说资产都被认为是一样好东西——它是公司用于获取利润的可控资源。然而,如果一家公司想要低估负债,那么为了满足会计恒等式的要求,最简单的方法就是同时低估资产。低估资产也可以改善一些财务指标——其中最重要的指标就是资产收益率。资产收益率是表示盈利能力的指标,此比率越高越好。该指标是用净利润除以总资产而得。通过低估资产,公司的资产收益率会升高。

首先让我们来看一下,通过合规的方式来让公司将资产和对应的义务(负债)置于表外并从中获益。这项技术就是使用租赁的方式。当前,这种方式在国际财务报告准则(IFRS)和美国通用会计准则(U.S. GAAP)下都是合规的,公司采用经营性租赁方式,则不需要将对应的资产或负债在资产负债表中进行列示。在一项经营性租赁中,一家公司从另一方租入资产并阶段性地支付费用。该租赁可以是长期的，也可以是短期的；然而，在某些条件下的长期租赁最终会涉及类似于购买的资产转移，对于这种情况会计准则要求同时确认一项资产和负债（即融资租赁）。通过经营性租赁租入资产的话，公司可以拥有资产的使用权而同时却不需要在资产负债表中确认负债，这实际上就是一种表外融资，相比于购买一项资产或进行一项融资，这种方法可以使资产收益率和债务股本比显得更好。尽管这种处理方式是会计准则所允许的，但分析师应该认真地考虑租赁方法对于资产负债表和比率的影响——特别是当你需要将一家公司与另一家公司进行对比的时候。分析师可以对公司公布的财务报表进行调整，看看如果购买该项资产对报表数据会产生什么样的影响。有两大行业涉及国际经营性租赁业务比较多，分别是零售业和航空业。

应用：通过租赁将资产置于表外

零售商 A 拥有自己的零售店，而零售商 B 从第三方租赁零售店。财务报表数据汇总见表 3-1。

表 3-1　财务报表数据汇总

零售商	资产合计	负债合计	净利润
零售商 A	8 亿港元	4 亿港元	4 000 万港元
零售商 B	5 亿港元	2 亿港元	3 000 万港元

在不考虑零售商 B 采用经营性租赁的情况下，分析师进行财务比率的计算，见表 3-2。

表3-2 财务比率

零售商	负债/资产	资产收益率
零售商 A	50%	5%
零售商 B	40%	6%

零售商 B 看起来风险更低（资产负债率更低），并且盈利能力更高（资产收益率更高）。

零售商 B 在其附注中披露的信息见表 3-3。

表3-3 未来经营性租赁支付情况

累计时间	支付金额
第1年	3 000 万港元
第2年	3 000 万港元
第3年	3 000 万港元
第4年	3 000 万港元
第5年	3 000 万港元
5 年以后	9 000 万港元

分析师测算零售商 B 隐含的贷款利率为 10%，而税率为 30%。

基于上述信息，分析师可以预计在 8 年内公司都具备每年 3 000 万港元的支付义务。该笔支付义务的折现至现在时点大约为 1.76 亿港元（假设均为年初支付）。如果该公司购买这些店面并按照 10% 利率进行贷款，那么就会同时产生一项 1.76 亿港元的资产和负债，而资产负债率则为 56%。

在对零售商 B 的资产收益率进行调整时，分析师必须要将税后的租赁费用加回到收益中，并且将估算的税后利息及折旧费用从收益中减去，见表3-4。

表3-4 资产收益率调整

项目	金额（100万港元）及收益率
调整前净利润	30
加税后租赁费用	21
减税后利息费用（17.6×0.7）	(12.3)
减税后折旧费用（176÷8×0.7）	(15.4)
调整后净利润	23.3
调整后资产收益率	4%

调整后，相比于零售商A，零售商B的风险更高，盈利能力更差。

另外一个同时低估资产和负债的方法是通过借贷交易将应收账款（资产）置于表外。一家公司将其应收账款以一定的折扣转让给另外一家公司以获得现金，购买方如果无法收回该笔资金、也不具备追索权，这就是一种合法的应收账款出售行为。这种方式将导致在资产负债表中的应收账款消失，取而代之的则是现金。然而，如果一家公司同样是通过抵押应收账款进行资金借入，但是仍承担应收账款无法收回的风险，那么该笔应收账款仍应该保留在资产负债表中，同时还要确认一项贷款。一些公司试图将借款交易做得看起来像是应收账款出售，这样就可以低估资产（应收账款）和负债（贷款）。有时在会计准则下，公司会凭借娴熟的财务技巧通过特殊目的实体来达到上述目的。

以上两种方法（租赁和应收账款出售）都是通过不在资产负债表中确认资产和负债来达到表外融资的目的。

可以说，类似方法还有很多，其都是为了将资产和负债长期置于表外。通常的做法就是让不需要合并报表的其他实体持有这些资产和负债，而这些资产类型不限，一般来说都是大额资产，如物业、厂房及设备（PP&E）。有时公司可以凭借娴熟的财务技巧，采用会计准则中允许的权益法，如利用合资或没有达到控制比例的公司（持股未达到控股比例）就可以达到不合并报表的目的。

在其他情况下，公司可能单纯地进行财务违规操作，对股东隐藏相关资产和负债，并且使分析师无法在资产负债表中进行确认。不幸的是，会计等式对这种失实确认（保持同时少计相同金额的资产和负债）是允许的，这对于发现经营活动的实质并没有帮助。分析师必须仔细检查财务报表附注、新闻及其他能够证明公司持续将资产和负债置于表外的证据。通常需要在附注和新闻中重点留意的方面包括权益法的使用、特殊目的实体、合资公司、合伙企业、非合并实体、担保及委托。

另一个信号就是缺乏充足的资产来支持报告中所披露的经营活动。让我们来看一个真实的案例。

应用：某科技公司

某科技公司是一家坐落于中国大连的公司，之前在纳斯达克上市，主营业务涉及废水处理设备。2010年11月，Muddy Waters研究机构（www.muddywatersresearch.com）发布了一份报告，指控其存在财务欺诈行为。在本章的结尾，完整的案例研究（包括组织结构图和财务数据）在案例3.1中进行列示。

第 3 章 发现财务业绩被夸大

除此之外，Muddy Waters 指出公司控制着一个可变利益实体，并且拥有另外三家实体。公司将四个可变利益实体均纳入合并报表进行核算，其中包括其拥有的全部资产和设备。尽管进行合并，相对于设备制造商的预期规模，资产负债表中确认的固定资产金额却很小。2009 年和 2008 年物业、厂房及设备占总资产的比例分别仅为 4.7% 和 11.13%（2009 年公司进行重大现金融资）。另外，尽管当年收入上升了 38%，但是在 2009 年的现金流量表和资产负债表中，均没有显示公司有扩建厂房或购买设备的情况。最终，厂房及设备收入比率（周转）见表 3-5。

表 3-5 厂房及设备收入比率（周转）

项目	2009 年	2008 年
收入	192 642 506 美元	139 343 397 美元
厂房及设备	12 265 389 美元	13 197 119 美元
厂房及设备周转率（收入/厂房及设备）	15.7 倍	10.6 倍

公司在报表中报告的厂房及设备金额远低于类似的设备制造商——特别是相对于收入来说。这一点可能是因为未申报资产或虚构收入。Muddy Waters 报告中指控无法确认该科技公司的主要客户，这也成为其报表中的收入不实的重要指标。

其他表外融资及表外负债

一家公司可能试图在低估负债的同时避免对资产产生影响。在这种情况下，为了能够满足会计等式的恒等要求，就需要高估所有者权益。

该做法会在不确认负债的同时也不确认费用（高估收益和所有者权益）。举个例子，公司知道其拥有一项与环境损失有关的负债，但是并不确认负债和损失。这样就会高估利润表中的收益及公司的财务状况（低估负债及高估所有者权益）。另外一种选择是采取创新的做法，把一项融资当作收入或收益在财务报表中进行确认，而不是将其确认为负债（这样做也会低估负债和高估所有者权益）。如果一项负债是或有负债，那么公司也可能不会在资产负债表或财务报表附注中对其进行确认。在奥林巴斯的案例中，公司就没有将金融资产的贬值确认为损失。

> **应用：奥林巴斯的表外损失**
>
> 正如在第 1 章提及的，奥林巴斯在 1990 年年初由于金融资产的贬值产生了一项损失。公司并没有直接将这笔损失及价值贬损在资产负债表中进行确认，取而代之的是将金融资产和对应金额的银行贷款转移至一家非合并实体。最终，公司被迫将该实体进行合并报表，并且不得不进一步运用会计把戏来掩盖损失。

高估资产

高估资产的类别包括高估资产的价值或将一项根本不存在的资产在报表中进行列示。其中也可能包括高估"资产"的价值但并不立即反映在当期的报表中。上述方法中后者比较常用，因为在资产负债表中高估资产价值会损害财务指标，如资产收益率。在一些情况下，高估资产是因为要隐藏一笔损失，使其置于表外，奥林巴斯的案例证实了这种情况。正如第 2 章提及的，高估资产通常会伴随着高估收益。举个例子，一家公司为了达到递延费用的目的将其加到资产中。本节主要关注通过高估资产人为地使得财务状况（资产负债表）看起来更好，其中并不考虑是否会导致高估收益。

一家公司可控制的资产主要包括资产的数量及价值。高估资产可以高估其价值或高估其数量。而资产数量是可以很容易进行查验的，因此大多数会计把戏都会选择对资产的价值进行操控。

高估资产负债表中的资产价值

在过去，大多数资产会按照几种方法在报表中进行确认——通常是按照成本确认，然后按照使用资产过程中预计的价值减损进行调整，该调整被称为折旧及摊销。然而，现在的会计准则使用复合的方法，使大部分资产是按照预计的当前公允价值进行确认而非成本。表 3-6 中展示了当前国际财务报告准则（IFRS）对资产是如何处理的。实际上这一估值过程为管理层提供了高估资产的机会。

表 3-6　国际财务报告准则（IFRS）资产处理方法

资产	估值方法	价值变化产生的收益或损失在报表中进行列示
物业、厂房及设备	成本法或重置成本法	• 损失在利润表和未分配利润中进行确认 • 收益在所有者权益项下的其他综合性收益中进行确认，而非在利润表中进行确认

(续)

资产	估值方法	价值变化产生的收益或损失在报表中进行列示
投资性房地产（并非当期使用，而是作为投资持有的土地或建筑物）	成本法或公允价值法	• 收益和损失均在利润表和未分配利润中进行确认
无形资产	成本法或重置成本法	• 损失在利润表和未分配利润中进行确认 • 收益在所有者权益项下的其他综合性收益中进行确认，而非计入利润表
金融资产（投资证券）	根据持有证券的类型按照公允价值或摊销成本进行确认（大部分情况下采用公允价值）	• 根据分类，收益和损失可能计入利润表或其他综合收益中
农业和生物资产	公允价值减去预计至销售时点所发生的费用	• 在资产生长期间所产生的收益和损失均计入利润表

在购买时，物业、厂房及设备最初是按照成本进行确认的。随后，公司可以选择是否要采用成本或重置法进行价值确认。重置成本法适用于公允价值能够可靠计量的资产。对于成本法，公司持有的初始成本，按照持有周期进行折旧及摊销调整。对于重置成本法，资产是按照当期的公允价值在资产负债表中进行确认的。如果价值有所下降，为了资产负债表保持平衡，会产生一项损失并在利润表和未分配利润中进行确认——这就会导致资产和所有者权益都出现减少。如果价值上升，收益会在其他综合收益中进行确认——该账户属于资产负债表中的所有者权益。上述方法让公司可以在利润表中没有确认收益的情况下保持资产负债表的平衡。在通过投资持有资产的情况下，也可以选择按照公允价值

进行确认，如果选择按照公允价值对投资性资产进行确认，那么所产生的收益和损失将计入利润表并转入未分配利润。

无形资产的初始成本是按照购买成本进行确认的。随后，公司可能选择成本法或重置成本法进行确认。在成本法下，未来年度无形资产需要进行折旧或摊销调整。在重置成本法下，无形资产按照未来公允价值进行计量，所产生的收益和损失与物业、厂房及设备的处理方法相同。

投资性金融资产（例如证券）的初始价值是按照公允价值进行确认的。在后续期间，该类资产可按照公允价值或摊销成本在资产负债表中进行确认。一般来说，公司应按照特定的标准来确认选择使用何种计量方法。如果要使用摊销成本法，那么资产必须要持有至到期时间，并且持有该资产的目的是获得合约现金流，而该现金流中包括本金及特定时间点的利息。否则，资产就应按照公允价值进行计量。价值变动所产生的收益和损失均应在利润表中进行确认，除非持有的相关证券是用于对冲的，或者公司选择将收益或损失计入其他综合收益（仅在进行权益类投资而非持有交易性金融资产的情况才可以使用该处理方法）。

可能最有趣的资产类别当属农业（生物）资产——有生命的植物和动物。总体来说，该资产应以公允价值减去预计至销售时点的成本进行确认，其中预计的成本是在包括生长、蜕化、生产及繁殖、直到收获时点周期内预计产生的支出。采用该计量方法，通常在农作物或牲畜生长期间公允价值会上升。而公允价值变动产生的收益和损失应反映在利润表和未分配利润中。如果无法获得可靠的公允价值，就不能使用该方法进行计量。相比于在收获时点将全部收益一起确认，该处理方法能够将收益与经济价值周期进行更好的匹配;一个典型的例子就是树木生长期需要 30 年。如果没有上述规定,收益就不能在前 30 年间进行确认。

应用:OS 集团

虽然有关生物资产的会计理论具有合理性,但也为管理层打开了进行人为操作的大门。可能由于很难对一些生物资产的周期性生长进行计量,管理层想要在当期确认多少收益,就会做出相应的收益预测。OS 是一家在新加坡上市的食品供应商,主要从事鲍鱼养殖、加工及销售业务。以下信息(见表 3-7)来自公司 2010 年的财务年报。

表 3-7 公司 2010 年财务年报汇总

项目	2010 年	2009 年	变动情况
来自生物资产的收益(1000 元人民币)	583 422	651 406	-10.44%
海产品加工收入(1000 元人民币)	131 533	29 922	339.59%
食品及饮料收入(1000 元人民币)	71 341	36 306	96.50%
合计(1000 元人民币)	786 296	717 634	9.57%
税前利润(1000 元人民币)	232 827	412 318	-43.53%
资产负债表中的生物资产(1000 元人民币)	1 154 580	831 000	38.94%
购买生物资产(1000 元人民币)	71 272	65 378	9.02%
生物资产占总资产比率	50.30%	38.80%	
鲍鱼数量(以 1 000 为计数单位)	178 358	119 775	48.91%
每单位人民币价值	6.47	6.94	-6.70%

公司主要的收入并不来自鲍鱼销售,而是来自鲍鱼养殖的增长。2011 年,公司确认了一项来自"生物资产死亡"、金额为 367 435 000 元人民币的损失,并且增加了一项来自生物资产公允价值下降,金额为 422 806 000 元人民币的损失。这一情况使人们对于其以前年度报告的"增长"及相关估值产生了质疑。

对于市场化证券的估值相对要容易。而对其他资产进行估值，都是比较主观的。土地和建筑物的价值可能无法获得，但是可以通过评估进行合理的预测。对物业、厂房来说，评估其价值尚有难度，更不要说是对无形资产等资产进行评估了。生物资产的估值要求对生长阶段及生长阶段的价值进行很好的计量。对于后者，如果市场上不存在该阶段的资产，就很难获得相关的价值。

为了评估公司是否在资产估值方面使用了会计把戏，你首先必须对财务报表附注中的财务政策进行检验。如果公司选择用公允价值对资产进行计量，管理层就有可能对其进行人为操纵，你必须对这种可能性进行评估。对于市场化证券来说，能够对其进行客观的价值评估；而对于另外一些资产，如生物资产，由于很难获得可靠的市场价值，对其进行价值确认的风险更高。虽然一般情况下，你无法获得单一资产的具体信息，但是为了评估公司在资产价值确认方面究竟有多激进，你可以考察同行业内其他公司的估值情况，看看价值变动是否与行业水平保持一致。对于金融资产，如证券，你可以对比整体市场的收益变动情况。

高估资产负债表中的资产数量

公司对外宣称的资产量可能比其实际拥有的要多，以达到高估资产的目的。这种情况尤其发生在存货中，原因在于存货项目繁多，对其高估很难被察觉到。通常，也会出现通过低估存货成本而达到高估收益的情况。正如第 2 章中所提到的，分析师可以通过检查存货相对于收入的增长情况来发现上述问题。就商业企业而言，它们可能也会高估存货的价值，但不会低估存货成本，这样做只是为了使它们看起来似乎具备更多能够在未来产生收入的资源。一般来说，你不得不依靠审计人员，从他们所提供的存货类资产数量是合理的结论中求得安心。但是，审计过程也并非完全可靠，所以一个有用的方法就是你自己进行合理性测试。举个例子，对于资源性或其他商业性企业，你要看看其公布的存货或储备与公司的产能、土地/矿产投资及其他同行业同地区企业的情况是否相符。

高估资产负债表外的资产数量

对于天然资源来说，公司可能拥有或控制某种天然资源的储备但并不在资产负债表中进行列示，以至其无法被发现，比如地下原油储备或其他商品。这些代表着公司未来的潜在资产和收入。为了使财务状况看起来更好，公司具备高估资产数量或对其进行重新估值的动机。由于无法观察资产数量，高估资产数量的做法很容易。另外，该做法并不要求将资产负债表调整平衡（这些资产甚至根本就不会出现在资产负债表中）。

此外，公司可能通过高估这些储备来达到递延费用的目的。很多与资源探查和生产有关的支出被资本化，并且根据储备生产能力或数量情况进行摊销。不同的国家对于应将多少开发费用进行费用化或资本化有不同的规定。在美国，原油及天然气公司可以在两个方法之间进行选择，因此就需要仔细阅读附注，理解公司究竟采用的是哪一种确认方法，这对于分析是很重要的。相对于当前的产量，通过高估未来的储备，公司可以将摊销向未来进行递延。对于这样的资产你应该保持高度怀疑，特别是生物资产。在大多数司法管辖区内，公司被要求在资本化之前提供独立第三方储备量认证。然而，规定中并没有强制要求持续提供相关储备量认证，尽管一些公司也是这样做的。但最终，公司确认的储备量和之前预测的储备量不一样。另外要知道，储备量认证问题对公司的声誉也很重要。

应用：Bre-X

这类会计欺诈的经典案例当属 Bre-X，这是一家据称在印度尼西亚的 Busang 从事金矿开发的加拿大公司。原本是一只"便宜"的股票，在其宣布拥有一处巨大的金矿储备（7 000 万金衡盎司）后股价暴涨至 286 加元/股。随后，当其所谓的金矿储备被发现其实并不存在后，股价出现大幅下跌。可以说 Bre-X 的事件是一个彻头彻尾的会计欺诈案例，而在其他案例中，公司一般对其储量的预测比较激进。壳牌原油就是这样一个案例，由于参与相同项目的其他原油公司并未对储量发表声明，监管机构对其公布的储量表示质疑，而就在遭到质疑后，壳牌大幅削减其原油储量预测，幅度达 20%。

Exxon 和 Chevron 是壳牌在澳大利亚西海岸 Barrow Island 的合伙人，由于当地"保护"及不确定性，它们遵循保守原则在 2000 年年初并未对岛内的储备进行会计确认。因为公司收到了开发该储备的许可，壳牌过于激进地在报表中确认了该储备。

结语

从本章的讨论及案例研究中我们可以看到，公司可以通过多种会计处理方式人为地操纵报表结果，使其财务状况看起来更好。他们可以将资产和负债置于资产负债表之外、进行表外融资及高估资产。基于本章所列示的案例及作者对于全球其他案例的研究，我们将常见的报表操纵手法进行汇总，并生成一份警示信号的检查清单及分析技巧列表（见表3-8），用以发现财务业绩被夸大的问题。

表3-8 夸大财务业绩行为的警示信号及分析技巧

类别	警示信号及分析技巧
将资产和负债置于表外	• 与同类企业相比，公司是否过多地采用经营性租赁 • 公司是否对子公司采用权益法进行核算？如果将这些公司进行合并报表结算，财务状况会变成什么样 • 公司是否通过融资的方式将应收账款置于表外 • 公司是否没有充足的资产来支持其经营和收入——特别是与同类公司相比
其他表外融资及表外负债	• 是否存在融资或相关协议并未在附注中进行披露，也没有在资产负债表中进行列示 • 是否有不可预见或潜在损失的讨论，而其并没有反映在当期的利润表中，也未增加对应的负债
高估资产	• 公司拥有的重要资产价值是基于预测、假设或无法获得客观的估值吗 • 公司的无形资产价值及数量、货物或生物资产是否发生非常规性变化（是否反映在资产负债表中） • 是否有收益和收入来自资产重估？由资产重估行为所产生的收益占经营性收益的百分比是多少

案例研究

以下案例中的公司由于操纵报表可能已经遭到指控——但并不一定被判有罪。这些案例论证了本章节提及的很多概念。值得注意的是，案例中的一些概念与其他章节中的概念相关；然而，完整的案例研究证明了会计操纵的多样性。

第3章 发现财务业绩被夸大

案例3.1 LN 国际

背景资料

- LN 国际总部位于中国大连，在纳斯达克上市。截至 2010 年 11 月 10 日，公司市值为 4.44 亿美元。

- 公司的主要业务包括设计、制造、安装废水处理设备、烟气脱硫设备（FGD）和钢铁制造中的高温抗氧化系统，并且为这些设备提供服务。

- 公司被称为烟气脱硫设备及其他环保设备销售的行业领先者，产品主要销售给中国钢铁企业。烟气脱硫设备的销售额占公司销售收入总额的 60%~75%。

- 2010 年 11 月 10 日，Muddy Waters 发布了一份有关 LN 的研究报告，指控公司的欺诈行为。这一指控导致 LN 的股价从 2010 年 11 月 9 日的每股 16.27 美元跌至 11 月 11 日的每股 10.57 美元。而在 2009 年，LN 的交易价格曾高达每股 32.35 美元。

- 截至 2010 年 3 月 31 日的投资者关系：
  - 邹某（首席执行官及董事）：58.32%。
  - MOG Capital, LLC：7.52%。
  - 邱某（董事及董事会主席，邹某的妻子）：6.26%。

- 审计机构：Frazer Frost, LLP（Moore Stephens Wurth Frazer and Torber,

LLP 的继任者）。

发生了什么

2010 年 11 月 10 日：

- Muddy Waters 指控 LN 进行会计欺诈且给出强烈卖出建议，目标价格为每股 2.45 美元。以下是针对 LN 公布的信息所做出的驳斥：

    1. 烟气脱硫系统重要客户的数量实属捏造。烟气脱硫系统的销售是 LN 最大的收入来源，占总收入的 60%~75%。
    在 2008 年、2009 年 10-K 报表及 2010 年 3 月 10 的投资者介绍中，LN 披露了 24 个使用烟气脱硫系统的客户名单。Muddy Waters 与其中的 9 个客户进行了交谈。这 9 个客户中的 5 个否认从 LN 购买了烟气脱硫设备，并且很可能 LN 也伪造了第 6 个客户与其的业务关系。只有 3 个客户确认从 LN 购买了烟气脱硫系统。

    2. 2009 年，LN 向美国证券交易委员会（SEC）提交的文件中公布收入为 1.926 亿美元，而当年中国国家工商行政管理总局的文件显示其收入仅为 1 110 万美元。LN 向中国国家工商行政管理总局上报的数据看似是其低估收入的结果，这种现象在中国公司中也属正常。Muddy Waters 认为公司向中国国家工商行政管理总局上报的数据更加接近实际情况——其年收入应该低于 1 500 万美元。

    3. LN 向 SEC 提交的文件中披露的增值税支付数据与其报告中的收入出现矛盾。

    4. 审计机构 Frazer Forest 对其缺少尽职调查——LN 声称在 2008 年和

2009年企业所得税费用为零,然而这并非事实,并且其财务存在重大虚假陈述。LN一直对相关中国企业免税情况进行虚假陈述,并且对于相关税收处理情况的陈述前后矛盾。

5. Muddy Waters认为LN仅仅是一个壳公司。LN的首席执行官邹先生及董事会主席邱女士是公司的创始人,同时也是合法夫妻。他们违反协议并没有将资产和收益从可变利益实体(VIE)转移至LN,他们则拥有可变利益实体(大连LN)100%的股权,如图3-4所示。

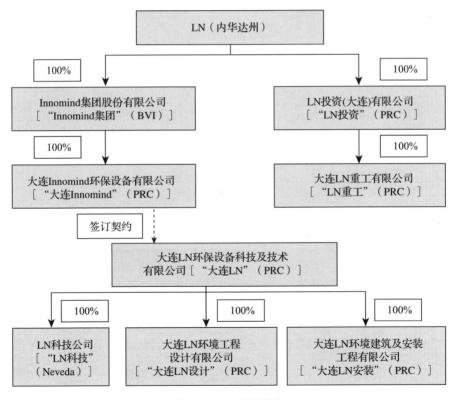

图3-4　LN组织结构

- 在可变利益实体协议框架下，可变利益实体将所有制造设备及固定资产出售给Innomind（LN控股），并将所有制造厂房及土地出租给Innomind。无论可变利益实体的税前利润是多少，都会按月向Innomind支付费用。

- 然而，可变利益实体仍旧控制着LN的全部经营，并且没有向Innomind（LN控股）支付任何管理费。LN仅仅是一个壳公司——LN的股东仅持有少许非生产性资产且不会获得可变利益实体的利润。
  反而是邹先生和邱女士从Innomind（LN控股）转移了3 500万~4 000万美元。

- 可变利益实体报表中显示与LN相关的应付账款为1.565亿美元，但是在LN的报表中显示，截至2007年9月30日累计税前收益为1.2亿美元。其中，3 650万美元的差异很可能源于可变利益实体从Innomind的借款。

6. 对于一家制造企业来说，LN的资产负债表中固定资产的数额过小，取而代之的是低质量的"纸面"资产。

7. LN并非像它声称的那样是钢铁烟气脱硫系统行业内的领先企业。相反，在这个拥挤的市场中，LN只是一个普通而渺小的参与者，其声称烟气脱硫系统的毛利率达到35%~40%，而行业内领先企业该指标通常维持在20%。由此可见，LN的毛利率远远高于行业内领先企业的毛利率水平。

8. 在 LN 完成 1 亿美元融资的当天，邹先生和邱女士"借"了 350 万美元的无息借款。2009 年 12 月 7 日，LN 完成了向一些机构投资者定向发行的注册工作，普通股股价为每股 30.75 美元，发行股数为 3 252 032 股。在剔除承销折价及预计承销费用后，此次发行净融资金额大约为 9 490 万美元。除普通股发行之外，LN 还给每个投资人两份普通股的认股权证，合计价值达到 7 850 万美元，行权价格为每股 34.5 美元。A 类认股权证到期日为 2010 年 6 月 7 日，可以即刻行权。B 类认股权证到期日为 2010 年 12 月 8 日，自 2010 年 6 月 8 日起可以行权。该股票由 Rodman & Renshaw, LLC 承销。LN 预计上述融资将用于营运资金需要。两天后，这对夫妻在加利福尼亚的奥兰治县购买了一套价值为 320 万美元的豪华住房。

2010 年 11 月 17 日：

- LN 的普通股在纳斯达克暂停交易。

2010 年 12 月 8 日：

- LN 普通股股票从纳斯达克退市。
- LN 重新在美国粉单市场上市，股票价格降至每股 3.15 美元。

2010 年末：

- 多方联合起诉 LN（包括 Hagens Berman Sobol Shapiro LLP、Pomerantz Haudek Grossman & Gross LLP、Milberg LLP、Rigrodsky & Long、PA 及其他）。

2010 年 4 月 3 日：

- 中国媒体报道称正对"欺诈学校"（fraud school）进行进一步调查，

"欺诈学校"指的是通过反向收购壳公司使得缺乏诚信的公司在美国上市。

- 报道中指出"欺诈学校"将 LN 带到美国上市,有他们参与的在美上市运作的公司包括 American Lorain Corporation、Lihua International 及 Fushi Copperweld Inc.。

警示信号

- 公司在 2009 年向 SEC 提交的 10-K 报表中对其经营业务做出如下描述:"通过我们在中华人民共和国协议控制的子公司……"在 10-K 报表中,表面上经营资产并不属于报送报表的公司,但是报送报表的公司通过协议合同可以控制四个主要的运营实体。实际上,公司在 10-K 报表中对该情况进行说明,并且在表 3-9 中同样进行了说明。

表 3-9 LN 及其子公司 2008 年 12 月 31 日、2009 年 12 月 31 日合并报表

(单位:美元)

项目	2009 年	2008 年
资产		
流动资产		
现金及现金等价物	134 487 611	19 741 982
限制性现金	—	1 030 317
应收票据	440 100	2 157 957
应收股东款	3 005 386	—
应收账款,2009 年 12 月 31 日剔除坏账准备 273 446 美元,2008 年 12 月 31 日为 0	57 811 171	51 503 245
成本及超过未完成合同的预计收益	3 258 806	—

(续)

项目	2009 年	2008 年
存货	5 405 866	1 203 448
预付账款（为购买存货提前支付）	34 056 231	21 981 669
其他流动资产及预付费用	629 506	517 847
流动资产合计	239 094 677	98 136 465
固定资产净值	12 265 389	13 197 119
其他资产		
预付资本性支出	6 570 378	6 082 608
无形资产净值	1 144 796	1 211 608
其他非流动性资产合计	7 715 174	7 294 216
资产合计	259 075 240	118 627 800
负债及所有者权益		
流动负债		
应付账款	4 281 353	5 816 714
短期银行贷款	1 467 000	8 802 000
客户存款	4 984 801	3 609 407
应付违约金	20 147	2 598 289
其他应付账款及应计负债	496 411	746 267
应付股东款	—	596 023
应付税费	4 003 709	5 062 901
流动负债合计	15 253 421	27 231 601
有担保负债	15 172 712	—
可赎回普通股（每股面值为 0.000 1 美元，公司持有的在外发行有条件赎回的普通股为 5 464 357 股）	24 480 319	24 480 319
所有者权益		
优先股（每股面值为 0.000 1 美元，法定股本为 50 000 000 股，已发行和在外流通股本为 0）	—	—

(续)

项目	2009 年	2008 年
普通股（每股面值为 0.000 1 美元，法定股本为 10 000 000 000 股，2009 年 12 月 31 日及 2008 年 12 月 31 日已发行和在外流通股数分别为 28 603 321 股和 25 040 000 股）	2 860	2 504
资本公积	107 135 593	25 924 007
未分配利润	78 983 794	28 570 948
法定公益金	11 755 312	6 196 478
累计其他综合收益	6 291 229	6 221 943
所有者权益合计	204 168 788	66 915 880
负债及所有者权益合计	259 075 240	118 627 800

重要的教训

- 对采用可变利益实体架构的公司进行投资要保持谨慎——如果可变利益实体与上市公司之间并没有签订合同协议，证明其为上市公司的子公司，可变利益实体取得的收入可能仍会留存在其公司内部，而并不输送给上市公司。

- 对比一家公司的资产水平，特别是厂房及设备，要与相似的公司和相关的收入水平进行对比。

案例 3.2　奥林巴斯（Olympus）

背景资料

- 奥林巴斯是一家生产摄影器材及医学影像设备的日本公司。

- 截至 2011 年 3 月末，公司总收入为 106 亿美元，净利润为 9 200 万美元，截至 2011 年 9 月 30 日，公司市值达到 82 亿美元。

第 3 章 发现财务业绩被夸大

- 2011 年 10 月,董事会开除了首席执行官,而其是在 2011 年 10 月初刚刚被任命的。

- 首席执行官指控现在的管理层在并购活动中存在超额支付,并且超额支付了顾问费。

- 董事会委任独立委员会对指控展开调查,公司被揭露不断通过并购来掩饰自 20 世纪 90 年代因投资造成的财务损失。

- 奥林巴斯被迫对收益进行重述,导致净资产减少 11 亿美元;商誉从 2011 年 6 月 30 日的 1 680 亿日元(约 22 亿美元)减少至 1 220 亿日元(约 16 亿美元)。

- 具体事件过程见表 3-10。

表 3-10 具体事件过程

日期	事件
2011 年 10 月 14 日	• 在其对公司并购支付行为质疑之后,奥林巴斯将首席执行官 Michael Woodford 解聘
2011 年 10 月 21 日	• 公司发表声明称已经任命独立委员会对首席执行官提出的指控展开调查
2011 年 10 月 26 日	• 董事长退休,但是在董事会中仍保有席位 • 美国证券交易委员对其展开调查
2011 年 11 月 8 日	• 公司宣布未公布的损失时间追溯至 20 世纪 90 年代,而用于并购的支付看来是用于掩盖这些损失的
2011 年 12 月 6 日	• 公司发布第三方调查报告 • 公司被东京证券所列入退市观察名单
2011 年 12 月 14 日	• 奥林巴斯提供修正后的五年财务报表
2012 年 1 月 20 日	• 东京证券交易所证实奥林巴斯不会退市,对其处以 1 000 万日元(约 10 万美元)的罚款

发生了什么

- 公司于1985年产生了一笔巨额损失，由于日元出现大幅升值，为了抵消营业性收益的下降，公司决定参与一项特殊投资（Zaitech）。

- 1990年，经济泡沫破裂，奥林巴斯出现巨额财务损失，并且在1997年至1998年间损失大幅增加。

- 多年以来，奥林巴斯通过将价值减少的金融资产转移至下属的一些公司，达到将损失持续置于报表之外的目的，而上述这些公司都不需要与奥林巴斯合并报表。

- 损失通过这些公司进行转移，而转移的方法就是这些公司（特殊目的实体）以高于市场价值的成本购买那些金融资产。这些特殊目的实体用于购买金融资产的资金是由奥林巴斯安排的银行贷款。奥林巴斯则对相关金融资产出售无须报告任何收益和损失。

- 在2000年，公司被要求将特殊目的实体纳入合并报表进行核算，并且需要按照公允价值对资产进行确认。由于上述会计处理方法的变更，管理层将被迫对财务损失进行披露。

- 实际上，整个财务欺诈计划包括：公司向外资银行进行抵押，由外资银行向奥林巴斯发放贷款并用于其特殊目的实体按照账面价值购买贬值的资产。

- 奥林巴斯计划以远高于目标公司价值的价格（因为要将损失隐藏在这些公司中）对其进行收购，奥林巴斯将收购价格与公允价值之间的差额计入商誉。与此同时，奥林巴斯进行的其他并购中的支付价格也都远高于目标公司价值。此外，奥林巴斯还支付了明显过高的"费用"，这可以在未来用于掩盖损失。实际上多年以来，奥林巴斯一直将负债和损失置于报表之外（低估负债以高估所有者权益），而当他们重新收购实体的时候就会不得不确认负债，那时他们就通过高估资产（商誉）来进行抵消。之前计入的商誉会在后续期间进行贬值处理，并以此来延期分散确认损失。

- 透彻分析其会计欺诈的规模，在1990年至2003年间，奥林巴斯累计投资损失达到1 180亿日元（约15亿美元）；与此相比，公司在2000年3月末报告的投资损失为17亿日元（约2 200万美元）。

- 170亿日元（2.18亿美元）是被支付给经纪人及银行的费用，用以完成上述会计欺诈的操作。涉及金额最大的一项并购是2008年2月对英国医药技术制造公司Gyrus的并购案，交易金额为15亿美元，其中包括了金额6.87亿美元的收购及兼并咨询费，该费用创下了历史最高纪录。

警示信号

- 市场评论员指出日本当地公司的企业文化是避免冲突及不愿过早地承认问题，这也成为其欺诈问题能够存在很长时间的重要因素。

- 仅有少于3%的日本公司会设立审计委员会。大部分公司聘用的审计机构都是由总裁或首席执行官和股东任命的，缺乏独立董事成员。

- 在奥林巴斯，最高管理层受制于强势的个人领导，并且公司文化鼓励个人独断专行。

- 采用特殊目的实体,而这些实体公司从一开始就不会与奥林巴斯合并报表。

- 一系列的高价收购和高额的咨询费,并伴随着后续的商誉减值。

重要的教训

- 损失可以被置于资产负债表外很多年。

- 审计人员也有可能是会计欺诈计划中的同谋。2009 年,毕马威对 Gyrus 的并购案提出质疑并对其财务数据(见表 3-11)出具持有保留意见的报告,但是毕马威日本公司选择不将该情况反映在合并审计中,并且不告知股东。而后安永取代毕马威成为公司的审计机构。

- 公司治理质量差使会计把戏得以实施。

表 3-11 奥林巴斯财务报表数据

(单位:100 万美元)

项目	2007 年 3 月 30 日	2008 年 3 月 30 日	2009 年 3 月 30 日	2010 年 3 月 30 日	2011 年 3 月 30 日
资产负债表					
商誉	668	3 009	1 867	2 097	2 111
Ⅰ)与三个并购公司相关的商誉: 计算包括:	0	545	49	32	31
初始账面价值	0	0	561	51	36
价值增加	0	547	141	0	0
抵消	0	(2)	(77)	(5)	(5)
减值	0	0	(575)	(14)	(0)
年末账面价值	0	545	49	32	31

（续）

项目	2007年 3月30日	2008年 3月30日	2009年 3月30日	2010年 3月30日	2011年 3月30日
Ⅱ）与并购 Gyrus 相关的商誉： 计算包括：			1 689	1 365	1 728	1 627
初始账面价值			1 497	1 740	1 426	1 924
价值增加			0	2	0	0
抵消/减值			0	(101)	(69)	(71)
货币汇兑调整			0	(148)	(73)	(131)
咨询费用			191	(128)	445	(95)
年末账面价值			1 689	1 365	1 278	1 627
现金流						
经营性现金流	920	893	430	824	396
投资性现金流	(819)	(3 054)	(214)	(227)	199
并购支出的现金	(20)	(2 331)	(1)	(4)	(148)
额外的股票投资支出的现金	0	(184)	(418)	(647)	(70)
经营性和投资性现金流合计	101	(2 161)	216	597	595

注释：外币折算美元基于行业周期性结算汇率。
数据来源：公司调查报告、公司年度财务报告。

案例3.3　OS 集团（Oceanus）

背景资料

- OS 集团是一家从事鲍鱼养殖、加工及销售的新加坡上市公司，其产品来自中国的两个养殖基地。

- 2008 年，公司通过反向收购一家壳公司成功在新加坡证券交易市场上市。

- OS 集团发布的信息显示，2008—2010 年，公司的最高复合年增长率达到 16.5%。同期，鲍鱼资产的价值从 7 000 万美元上升至 1.8 亿美元。

- 2011 年 7 月底，公司市值为 3.1 亿美元，企业价值达到 5.3 亿美元。

发生了什么

- 公司在 2011 年发布了利润预警，并在 2011 年 11 月报告中确认鲍鱼资产减值 1.4 亿美元，导致第三季度出现净损失 1.03 亿美元，而上年同期净利润为 3 400 万美元。

- 该项减值是因为公司的 2 亿只鲍鱼死亡了 4 200 万只，其死亡率出现无法解释的增加，而上年同期仅有 600 万只鲍鱼死亡。

- 管理层将损失归因于鲍鱼养殖过多这一经营上的失误。首席执行官主动提出辞职并等待接受内部调查。

- 自发布首个收益预警后，公司的股价下降超过 65%，现金储备从 2010 年年末的 1 500 万美元下降至 2011 年 9 月的 400 万美元。2013 年 3 月，公司仅剩少量现金且营运资本为负。

警示信号

- 尽管公司公布的销售和利润出现增长，实际的鲍鱼销售量却从 2008 年开始出现下滑。以下信息提取自 OS 集团 2010 年的财务年报：鲍鱼的实际销售是下滑的，原因在于所有的利润均来源于鲍鱼价值的增长。价值的增加主要来自鲍鱼数量的增加（大概是因为鲍鱼的繁殖），而不是来自单个鲍鱼价值的增加。而令人奇怪的是，鲍鱼正常生长后尺寸有增加，其单个价值也应该增加。在2011年的年报中，公司公布由于价格变动导致的价值下降产生了4.22亿元人民币的损失，另外由于鲍鱼死亡率上升导致产生了3.67亿元人民币的损失。在2011年年末，公司报告中显示生物资产合计2.19亿元人民币，数量为1.34亿只，单个生物资产价值为1.64元人民币。鉴于2010—2011年的情况，可以猜测之前年度报告中显示的鲍鱼数量、大小/生长程度及价值有可能也被高估了。

- 大部分正的净利润来源于鲍鱼存货价值的变动收益；对于该收益的调整将显著降低净利润。

- 2010年，负的净利润是因为费用的大幅增加。

- 自2008年起，鲍鱼销售所产生的净现金流和实际现金收入出现下降，自上市以来净现金流量（经营性现金流减去资本性支出）持续为负。

- 2011年第三季度，OS集团的资产负债表中现金下降至400万美元，而2010年第三季度末和2009年第三季度末分别为3 100万美元和8 800万美元。

- 公司创始人兼董事长黄博士，在超过35家股份公司董事会中拥有席位，并且至少担任了3家已经倒闭或被注销公司的董事。

- OS集团是通过反向收购壳公司成功上市，因此避免了通过传统方式上市所必须要接受的尽职调查。

- OS集团年度财务报表数据见表3-12。

表3-12 OS集团年度财务报表数据

项目	2010年	2009年	变动情况
生物资产收益	583 422	651 406	-10.44%
海产品销售（以1 000元人民币计）	131 533	29 922	339.59%
食品及饮料销售（以1 000元人民币计）	71 341	36 306	96.50%
收入合计（以1 000元人民币计）	786 296	717 634	9.57%
税前利润（以1 000元人民币计）	232 827	412 318	-43.53%
资产负债表中的生物资产（以1 000元人民币计）	1 154 580	831 000	38.94%
购买生物资产（以1 000元人民币计）	71 272	65 378	9.02%
生物资产占总资产比率	50.30%	38.80%	
鲍鱼数量（以1 000只计）	178 358	119 775	48.91%
单位人民币价值（以元人民币计）	6.47	6.94	-6.70%

重要的教训

- 生物资产为公司在财报中确认收益提供了机会——而该收益可能在未来并不确定。对于此类资产的价值增加应予以特别关注。应该仔细检查财务报表附注，寻找收益与行业发展相矛盾的地方。

- 对于在国外上市的中国公司的董事会来说，监督和控制国内经营性子公司是比较困难的。
  - 董事长及审计人员所获得的信息有限，并且与国内雇员的沟通也比较有限。
  - 法定代理人及董事会控制的重要性：只有在更换了上一任首席执行官后，董事长才能够控制国内的子公司。这不得不受到国内子公司董事会的影响，幸运的是在本案例中子公司受控于新加坡的母公司。
  - 为了能够控制公司的日常经营，新的管理团队必须实际拥有公司的相关印鉴。

本章注释

1. 在撰写本文的时候，国际财务报告准则（IFRS）的制定者已经考虑对准则进行修改，要求将资产和对应的负债在资产负债表中进行确认。

2. 当前的会计准则相比于以前更加严格。现在，很多特殊目的实体都被要求纳入母公司的合并报表，这使得会计把戏失去作用。

3. 要注意一些国家已经采用国际财务报告准则（IFRS），而个别国家的准则可能并不允许对资产进行价值重估。

4. 注意后续年度，如果公允价值下降，在计入利润表之前所产生的损失将与持有账户的金额进行冲抵直到为0。

本章参考资料

Muddy Waters Research. 2010. "Report of RINO International Corp.," October 11.

Oceanus Group. Annual Reports for 2010 and 2011.

Olympus Corporation, The Third Patty Committee. 2011. "Investigation Report: Summary," December 6.

United States District Court for the District of Columbia. 2011. "U. S. Securities and Exchange Commission v. Satyam Computer Services Limited d/b/a Mabindra Satyam," April 5.

亚洲财务
黑洞

第 4 章　发现利润操纵

本章在前两章的基础上对知识点进行进一步延伸，涉及跨年度操纵。为了使利润的波动看起来更加平滑或对收入的变化轨迹进行管理，一家公司可能会有意低估当期的利润，利用由此形成的"饼干罐"储备在未来年度提高利润。本章将向读者介绍公司最常用的减少利润波动的方法和用以发现该类问题的分析技巧及警示信号。

管理层具备减少利润波动或操纵利润变化轨迹的动机。比如，随着时间推移而保持着平稳的利润变动状况，会被债权人和投资人认为是有价值的，也就是说，这会使公司的经营看起来更加稳健且风险更低。然而，只有在这一切是真实的前提下，债权人和投资人才乐意看到平稳的利润——当业务的经济基础坚实的时候。如果实际的利润波动比较大，而管理层有意将其调整得比较平稳，那么债权人和投资人就无法了解到公司真实的财务状况。如果管理层的薪酬与利润挂钩，他们就有动机将利润波动调整得更加平滑。比如，如果只有在利润超过规定的金额后管理层才能获得全额奖金，那么为了后续年度也能获得奖金，管理层会将超出规定金额的部分进行"留存"，当后续年度利润很低时再使用它对其进行调整。另外，管理层也会想要修改利润的变化规律，试图保持稳定的增长率或展现其他想要的利润变化轨迹。

回顾第1章，在我们所介绍的财务报表评估框架中，利润表是基于权责发生制进行会计确认的。收入是在产生时进行确认的，而不是必须在收到现金的时候进行确认。费用是在产生的时候进行确认的，而不是必须在支付的时候进行确认。进一步来说，一些支出在发生的时候并未被确认为"费用"。比如，如果支出用于购买固定资产，那么将在资产负债表中被确认。而该项购入的资产将在未来年度由于价值减损需要确定折旧费用。这就为管理层提供了机会：通过对当期进行调整，达到增加（或减少）其他时期相关数据的目的。在第 3 章中，我们检验了公司试图在长期增加利润的情况。而在这里，我们要对公司将某一年的利润进行增加或减少、然后在后续年度进行调回的情况进行检验。

与高估利润、夸大财务业绩或高估现金流量等明显的违规操作相比，这种调整可能比较隐蔽。

应计及递延项调整

正如之前章节中所提及的，基于权责发生制的利润表和现金流量表之间的不同导致的应计和递延项会在资产负债表中反映出来。表 4-1 对于常见的应计和递延项进行了汇总。应计项允许公司将利润从一段时期转移至下一段时期。在有些情况下，这一做法可能会产生更加平滑的利润变动轨迹，而在另一些情况下，则会产生更大的利润波动。

表 4-1 常见的应计和递延项

项目	收入	费用
在确认收入后产生现金流	资产	负债
	应收账款	应计费用
		递延所得税负债
		不可预见费用
		资产备抵
		坏账准备

(续)

项目	收入	费用
在确认收入前产生现金流	负债 预收收入 递延收入	资产 厂房及设备 预付费用 递延所得税资产 递延费用

应收账款（应计收入）和坏账准备

当公司销售货物且在利润表中确认收入、但并没有收到现金的情况下，就会生成应收账款。在权责发生制下是允许（甚至要求）这样进行会计确认的。然而，应收账款中的一部分可能永远也无法收回。在权责发生制下，会计准则要求对应收账款的回收率进行预估，并且在确认收入的同时对应确认坏账费用。让我们来看看一家新成立的公司。该公司成立于2013年12月，当月销售额为1 000万美元，并且全部销售款均没有收回。在后续年度，一部分客户违约且公司仅回收了910万美元的货款。会计准则对于在销售时点可能发生的坏账金额并不要求进行确认，公司会在2013年确认1 000万美元的收入，并在2014年确认90万美元的坏账费用。而这一确认方式可能具有误导性——特别是如果公司为了能够将2013年的收入实现最大化，就会有目的地放宽其信用政策。权责发生制要求公司现在就对未来无法回收的账款进行预测，并在2013年确认坏账费用，而不是在未来实际确认该项金额后再进行确认。公司通常会参考与信用标准相关的历史回收情况，而新公司则参考同行业其他公司的预测水平。上述预测可能基于赊账销售的比例、应收账款的比例或应收账款的账龄（对外应收账款账龄越长，无法回收的比例越高）。

应用：某生物公司

坏账准备

我们计提坏账准备是用于预计的损失，而损失产生的原因主要是客户没有能力按照要求进行支付。坏账准备的计提是由于这些因素：包括但不限于历史经验，当期和特定客户的财务状况。自开展经营业务以来，我们从没有遇到应收账款无法收回的情况，也从没有遇到令我们对客户按时付款的能力产生怀疑的情况。在 2011 年 3 月 31 日和 2010 年 3 月 31 日，应收账款合计分别为 26 194 313 美元和 21 008 664 美元。我们会考虑所有的相关因素，其中包括 10 – K 报表中应收账款所涉及的客户的财务状况，因为上述因素会影响到他们的支付能力，不过我们认为客户应该有能力按照要求进行支付。然而，我们无法确保上述因素不发生变化，其中包括无法保证客户的财务状况在未来不会出现反转。我们将继续对所有客户的支付能力进行评估，确保他们能够按照要求支付货款。某个客户的财务状况出现恶化，就会导致其支付能力下降，就有可能需要计提坏账准备。

虽然某生物公司认可计提坏账准备的要求，但他们并没有选择这样做，并声称他们从没有遇到过客户不能按照要求支付货款的情况。这份声明并不会给公司带来正面影响，反而会招来质疑。

摘自 2011 年 3 月 31 日的年度财务报表 10 – K。

前面所提到的例子中，公司在对应收账款回收情况进行预估的时候，会参考同行业具有相同信用政策的其他企业，预计会有10%的应收账款无法收回。2013年12月末，在资产负债表中会进行如下确认：

应收账款——合计	10 000 000 新元
减：坏账准备	（1 000 000）新元
应收账款——净额	9 000 000 新元

在2013年的利润表中，公司会做如下确认：

收入	10 000 000 新元
坏账费用	1 000 000 新元

2014年，公司坏账金额仅为900 000新元。公司对当期（2014年）的坏账准备进行了调整，并且基于当年的赊销及应收账款情况，结合新信息重新对2014年进行预测，但并未对2013年所做的预测进行修改。

将案例延伸至2014年，假设2014年公司赊销金额为1亿新元。2014年收回9 450万新元（包括2013年相关金额）。2014年年末应收账款余额如下：

期初余额	10 000 000 新元
应计坏账	（900 000）新元
赊销金额	100 000 000 新元
回收金额	（94 500 000）新元
期末余额	14 600 000 新元

公司当前预计坏账为应收账款期末余额的9%，换言之，应收账款的期末余额预计为1 314 000新元。准备账户的具体情况如下：

期初余额	1 000 000 新元
应计坏账	（900 000）新元
2014 年的坏账费用	×
期末余额	1 314 000 新元

2014 年的坏账费用是基于账户余额反推得出的。具体计算过程是当期坏账的预计金额加上上一年预计坏账与实际坏账的差额调整。在本案例中，2014 年的坏账费用为 1 214 000 新元：

期初余额	1 000 000 新元
应计坏账	（900 000）新元
2014 年的坏账费用	1 214 000 新元
期末余额	1 314 000 新元

公司负责人可以通过调整预测来得到他们想要的结果。他们想要提高 2013 年的利润，就可以降低 2013 年的坏账费用预计。然而，这需要在下一年调回使其能够与期末余额相匹配（或者下一年继续低估坏账费用，然后再将调整问题留置到最后一年）。相反，公司决定提高 2013 年的预计坏账，目的在于为以后年度"保存"利润。

应用：HT 公司

HT 是一家中国公司，在遭到有关财务过失的指控后，其股价出现显著下降，并且在 2011 年最终完成私有化退市。以下数据摘自 2009 年和 2010 年公司 10 – K 报表文件，见表 4 – 2。

表4-2 HT公司2009年和2010年10-K报表文件数据汇总

(单位:1 000美元)

时间及项目	应收账款	坏账准备	坏账的占比
2008年12月31日	30 473 235	153 155	0.5%
2009年12月31日	97 302 153	3 979 268	4.1%
2010年12月31日	93 392 999	7 493 667	8.0%
	收入	应收账款占比收入	坏账占比收入
2008年12月31日	120 820 302	25.2%	0.1%
2009年12月31日	223 234 394	43.6%	1.8%
2010年12月31日	426 481 250	21.9%	1.8%
		2009年报告	2010年报告
2008年1月1日 坏账准备		116 238	
坏账冲回		(1 899)	
应收账款冲销		—	
并购威海公司导致的减值增加		30 735	
外汇交易影响		8 081	
2008年12月31日 坏账准备		153 155	153 155
坏账冲回		(437 191)	(38 656)
应收账款冲销		—	
外汇交易影响			(24)
并购SM电机导致的减值增加		4 263 411	
外汇交易影响		(107)	
2009年12月31日 坏账准备		3 979 268	114 475
增加准备			7 686 302

	2009 年报告	2010 年报告 (续)
负的坏账准备金		(233 660)
应收账款冲销		—
外汇交易影响		(73 450)
2009 年 12 月 31 日坏账准备		7 493 667

本案例中出现的一些奇怪现象在正常的经营过程一般不会发生。首先，坏账准备账户金额占应收账款的比例在第一年一般都比较低，然后在随后的两年出现显著上升。而本案例中，第一年坏账准备账户金额占应收账款的比例较低，但是在后续两年间与占销售金额的比例相同。上述情况可能暗示了公司并没有准确地反映坏账情况，并且可能低估了那些最终无法收回的坏账。另外一个奇怪的现象是公司没有在任何一年冲销过坏账（参见准备账户调节表），而实际上他们确认了坏账的"收回"。这一情况会引发分析师对其会计确认的合理性以及收入和应收账款的回收能力的质疑。

递延（预收）收入

应收账款代表应计收入，具体是指当期获得收入却没有实际收到。递延收入是指资金已经收到但还没有在报表中确认收入。比如，为了一台定制设备，一个客户可能会先支付预付款（或支付保证金）。而该项预付款会被当作负债计入收款方的资产负债表，直到设备定制完成并移交给客户。该负债将在设备移交给客户后或退还保证金后予以消除。除了客户购买设备以外，类似的预付账款可能还要求未来为客户提供后续服务。最常见的例子就是客运公司，你在出游之前提前预订了机票或火车票。这是一个正常的会计处理方式，但这也使得无良经理人人为减少利润波动或将利润转移至下一年的操作成为可能。如果一名经理人想将利润转移至后续年，他可以简单地将当期收入转移至负债项，并称当期收取的是客户支付的预付款，未来才会交割货品。该科目一般被称为"递延收入"或"预收收入"。当某公司的这两个科目出现不正常的变动时，分析师就应该对其质疑。对所有公司来说，看到这些科目，就应该对逐年的余额进行检查，判断其是否增加或减少了当年的收入。

应计和递延（预付）费用

对于费用确认来说，同样存在应计和递延的情况。如果一家公司收到货物或获取了服务，但是并没有支付全部费用，那么所欠的相关金额按照应计项进行确认。如果是销售货物，应计项被称为"应付账款"。对于其他费用，应计费用包括应计工资、应计税费、应计租金及类似的费用，并且都会被确认为负债。公司可以通过高估或低估这些预计费用来将其转移（提高利润）至下一年。应计费用和应付账款在所有公司中都很常见，所以并不会引起人们的注意。当这些科目的金额或变动对当期利润产生重大影响的时候，分析师应该对其给予特别关注。

与应计费用相对的是递延费用。一个简单的例子是，公司将未来才会发生的费用在当期进行提前支付。比如，一家公司预付了未来两年的租金。该费用将在未来两年间进行确认，因此该项支付在期初被确认为一项资产而不是一项费用。两年后，该项金额将从资产负债表中的预付租金科目移出，并作为一项费用在利润表中进行确认。最常见的递延或预付费用项目就是租金、保险及不动产领域使用的类似项目。

递延费用一般发生于购买物业、厂房及设备时。购买设备的支出不会立即费用化，而是将费用作为资产进行资本化。正如我们在第2章中提及的，公司可以将一笔费用错误归类为购买厂房及设备或一项不动产，导致在资产负债表中确认一项资产而非一项当期费用。这种会计确认方式还生成了一类资产，即递延资产，尽管有时该资产名称前并没有冠以"递延"两个字。另外一些公司在其资产负债表中为递延费用创造了一个特殊的类别，即"递延客户购置成本"。在有些情况下这样的处理方式可能是合规的，例如在保险行业，但是在其他时候这样做就是简单地为了避免在当期的利润表中确认费用。分析师对资产负债表中任何形式的递延资产都应该进行查验，确保在公司当前的经营模式下，这些资产的存在是合理的，并且无论何时都应该对该类资产持怀疑态度。

递延税金

递延税金是一个特殊项目，既可以产生递延资产也可以产生递延负债。财务报表中确认的收入和费用，与面向投资人和以征税为目的的政府监管机构所计算得出的结果之间存在差异，因此产生了递延税金。有时两方面所计算得出的结果是一致的,但在大多数情况下,根据政府监管部门要求计算得出的结果与面向公众投资人并依照会计准则计算得出的结果存在差异。

让我们来观察一个常见的情况,看看递延税金是如何产生的。AP Apparel Inc.(APAI)在2013年购买了价值500 000美元的设备。APAI最近发行了价值600 000美元的普通股。在购买资产之后,APAI的资产负债表见表4-3。

表4-3 APAI 2013年7月的资产负债表

(单位:美元)

现金	100 000
物业、厂房及设备	500 000
总资产	600 000
普通股	600 000
负债及所有者权益合计	600 000

在会计角度,APAI将采用直线折旧法,将设备在5年内计提折旧,并假设残值为0。因为是在年内购买该设备,因此2013年按照年折旧额的一半计提折旧(参考惯例以半年开始计提)。每年的折旧金额见表4-4。

表4-4 APAI每年的折旧金额

年度	"会计"折旧费	累计折旧
2013年	50 000美元	50 000美元
2014年	100 000美元	150 000美元
2015年	100 000美元	250 000美元
2016年	100 000美元	350 000美元
2017年	100 000美元	450 000美元
2018年	50 000美元	500 000美元

在税务角度，APAI 经营所在地要求采用特殊的折旧方法，即加速折旧法对设备计提折旧，见表 4-5。

表 4-5 APAI 对设备计提折旧

年度	比率	"税法"折旧费	累计折旧
2013 年	20.00%	100 000 美元	100 000 美元
2014 年	32.00%	160 000 美元	260 000 美元
2015 年	19.20%	96 000 美元	356 000 美元
2016 年	11.52%	57 600 美元	413 600 美元
2017 年	11.52%	57 600 美元	471 200 美元
2018 年	5.76%	28 800 美元	500 000 美元

APAI 预期年收入为 250 000 美元，剔除税金和折旧的年经营性现金支出为 100 000 美元。假设公司将年末的现金净额进行投资，并在后续年度获得 6% 的投资回报。另外，假设当前及后续所有年度均采用 30% 的所得税税率。APAI 预期年应纳税所得额、税金支付及现金流量见表 4-6。在 6 年间，APAI 累计应纳税所得额为 563 203 美元，而累计税金为 168 962 美元，税后利润为 394 241 美元。

表 4-6 APAI 应纳税所得额及应交税金

（单位：美元）

项目	2013 年	2014 年	2015 年	2016 年	2017 年	2018 年	合计
收入	250 000	250 000	250 000	250 000	250 000	250 000	1 500 000
利息收益	0	14 100	23 872	32 903	41 622	50 706	163 203
现金费用	(100 000)	(100 000)	(100 000)	(100 000)	(100 000)	(100 000)	(600 000)
折旧费	(100 000)	(160 000)	(96 000)	(57 600)	(57 600)	(28 800)	(500 000)
应纳税所得额	50 000	4 100	77 872	125 303	134 022	171 906	563 203
应交税金	15 000	1 230	23 362	37 591	40 207	51 572	168 962

表4-7中显示的利润是站在"会计"角度计算而得的。累计税前利润、净利润及现金流量与纳税申报的一样。然而，它们之间对于收益确认存在时间性差异。2013年，从"会计"角度计算的税前利润为100 000美元，而从"税法"角度计算的金额为50 000美元。2013年实际税金支付金额为15 000美元，而利润表中确认的所得税费用为30 000美元。将利润表中所得税费用按照实际税金支付金额15 000美元进行确认显然是不合适的，因为会给报表使用者留下这样的印象，即公司的实际所得税税率仅为15%（15 000美元/100 000美元）。为了使所得税费用与相关收益匹配，在报表中确认的所得税费用是根据100 000美元的税前利润来预计支付多少税金。计算结果就是100 000美元的30%，即30 000美元。所得税费用（30 000美元）与税金支付（15 000美元）之间的差额产生了2013年的递延所得税。在本案例中，APAI需要在后续年度支付额外的税金，因此会导致生成一项递延所得税负债。

表4-7 APAI公布的财务报表

（单位：美元）

项目	2013年	2014年	2015年	2016年	2017年	2018年	合计
收入	250 000	250 000	250 000	250 000	250 000	250 000	1 500 000
现金费用	(100 000)	(100 000)	(100 000)	(100 000)	(100 000)	(100 000)	(600 000)
折旧费	(50 000)	(100 000)	(100 000)	(100 000)	(100 000)	(50 000)	(500 000)
经营性收益	100 000	50 000	50 000	50 000	50 000	100 000	400 000
利息收益	0	14 100	23 872	32 903	41 622	50 706	163 203
税前利润	100 000	64 100	73 872	82 903	91 622	150 706	563 203
所得税费用	30 000	19 230	22 162	24 871	27 487	45 212	168 962
净利润	70 000	44 870	51 710	58 032	64 135	105 494	394 241

2013 年的所得税费用合计可进行如下分解：

当期所得税费用	15 000 美元
递延所得税费用	15 000 美元
所得税费用合计	30 000 美元

2013 年末资产负债表见表 4-8。

表 4-8　APAI 2013 年末的资产负债表

现金	235 000 美元
物业、厂房及设备（净值）	450 000 美元
总资产	685 000 美元
递延所得税负债	15 000 美元
普通股	600 000 美元
未分配利润	70 000 美元
负债及所有者合计	685 000 美元

递延所得税负债究竟何时会"到期"，我们需要观察何时想要将时间性差异调回。从投资人角度计算的所得税费用和按照税法计算的税金见表 4-9。

表 4-9　不同方法计算的税金

年度	按美国通用会计准则计算的税金（美元）	按税法计算的税金（美元）	当期差异（美元）	累计差异（美元）
2013 年	30 000	15 000	15 000	15 000
2014 年	19 230	1 230	18 000	33 000
2015 年	22 162	23 362	(1 200)	31 800
2016 年	24 871	37 591	(12 720)	19 080
2017 年	27 487	40 207	(12 720)	6 360
2018 年	45 212	51 572	(6 360)	0
合计	168 962	168 962		

初始递延所得税负债生成于 2013 年，并且在 2014 年出现增加。由于暂时性差异的调回，负债从 2015 年开始出现下降。在第六年年末，递延所得税负债变为 0。以上是一种常见的情况，分析师应该预计到会在公司的财务报表中看到递延所得税负债。

递延所得税资产并不常见，只有在公司按照税法计算的利润高于向投资者报送的报表数据时才会出现（与正在讨论的案例正好相反）。最常见的递延所得税资产是当公司在会计角度确认了一项损失，但税法不允许在当期全部确认，只能将其递延至后续年度冲抵应纳税所得额。

让我们来看一个案例。一家公司在经营年初有一项税前损失 1 000 000 港元，而税法允许将该项损失在后续年度用于冲抵利润。假设税率为 15%，公司将确认净损失为 850 000 港元（1 000 000 港元的税前损失减去 150 000 港元的税金）。这样就会导致产生一项递延所得税资产，因为当期无法获得 150 000 港元的税金返还——公司希望在未来年度出现盈利，这样就能够用该金额冲减当期的税金。如果一家公司对于未来递延所得税资产全额转回并用以抵消税金的问题并不确定，那么就需要设立一个减值准备账户，这将降低当期的递延所得税资产和净利润。比如，如果公司预计只有一半的递延所得税资产会转回，它会将递延所得税资产减少至 75 000 港元，并同时确认一笔 925 000 港元的损失。由于未来递延所得税转回金额的预计可以由管理层自行决定，这也使管理层可以通过将费用或收益从一年转移至另一年，达到人为操纵某一年收益的目的。

如果一家公司存在递延所得税负债或递延所得税资产，分析师应该检查财务报表附注，明确它们生成的原因。特别是对递延所得税资产，分析师应该对其保持怀疑态度，并且仔细观察各年之间相关减值准备的显著波动。

应用:WS 公司

表 4-10 中显示的是 WS 公司 2009—2012 年的所得税费用。

表 4-10　WS 公司 2009—2012 年的所得税费用

项目	2012 年	2011 年	2010 年	2009 年
当期所得税（1 000 元人民币）	74 245	112 972	57 429	—
递延所得税（1 000 元人民币）	11 813	(10 084)	(12 742)	11 566
所得税费用（1 000 元人民币）	86 058	(102 888)	44 687	11 566

有些年度所得税费用增加,而其他年度的所得税费用则由于递延所得税及其他类似的金额而减少。财务报表附注显示大部分变动源于递延所得税资产。例如,在 2012 年,由于可结转下期的损失,产生了 36 755 元人民币的递延所得税资产。如果这些递延所得税资产无法被调回,那么公司很有可能对其计提减值。

或有损失和准备金账户

通过设立或有损失或所谓的准备账户,结合使用各种各样的财务技巧,公司可以对净利润进行跨年度的调整(在未来年度将需要使用"饼干罐"储备)。比如,如果公司能够对或有负债进行合理预估,就应该对或有负债进行确认。一家公司如果某年的收益特别好,就会想要为后续年度"保存"一部分利润。公司可以高估一项或有损失(或者创造一个新科目)来降低当期的利润,同时将潜在损失计入负债。在后续一年,当问题解决或认为潜在损失会消失时,公司将减计负债并按照

"价值回升或增加"在利润表中确认收益,这种会计确认过程可以使用的科目有各种各样,分析师应该仔细查找或有损失/负债、准备金、衍生负债及类似的科目。

应用:某生物公司

2011年3月1日10-K报表的附注显示公司于2007年发行2 500万美元的债券,到期日为2010年12月:

该债券发行由SGI提供100%担保,另外,公司的首席执行官及最大的股东宋锦安先生同意授权将其持有的4 000 000股普通股一同质押。该债券为可转换债券,可在到期日之前以每股12美元的价格转换成普通股。如果该债券在到期日之前未转换成股票,公司则会按照每年10%的收益率进行回购。该债券也包含了一个条件,如果2010年末公司的净利润达到了6 000万美元,债券将强制转换成普通股。2010年3月31日,公司的净利润为1 560万美元。

很明显,截至2010年3月31日的净利润是一个至关重要的数值。如果该数值很高,那么就会触发债转股的发生,从而使首席执行官的股权被稀释。有意思的是,公司利用该债券来降低2010年的收益。公司认定2010年(而不是前几年)在该债券中嵌入了一项衍生负债,并在当年确认了一项超过1 200万美元的负债,使得当年的净利润减少超过1 200万美元(不考虑这项负债,净利润也低于6 000万美元,但在确认该项负债后,当年的净利润远低于6 000万美元)。在后续年度,债券到期并完成支付后,公司清除了这项负债并在报表确认了1 200万美元的收益。

结语

从本章所揭示的案例中可以看到,会计把戏的使用是很巧妙的。通常情况下,一家公司会利用各种手段来达到操纵利润波动的目的。想要发现这些会计把戏,就需要分析师仔细研读财务报表附注,从而判断与净利润相关的应计及递延项目的比例。表4-11将用于发现收益操纵的警示信号进行了汇总。

表4-11 关于利润操纵的警示信号及分析技巧

类别	警示信号及分析技巧
坏账准备	• 检查坏账准备金及与应收账款和收入相关的坏账费用,寻找反常的情况 • 与公司之前年度的预计相对比,检查应计坏账的情况
递延或预收收入	• 寻找标记为递延收入或预收收入的科目 • 判断在该经营业务中预收是否属正常行为,以及递延项目是否合理 • 逐年检查科目余额以判断是否在当年增加或减少了收入 • 在剔除递延项目的影响后,公司的收入和利润会变成什么样?公司是否有意为后续年度保存收益
应计和递延费用	• 是否存在与净利润相关的巨额应计费用,并且出现大幅波动 • 是否将递延费用当作一项资产计入资产负债表中(比如递延所得税等) • 是否存在异常资产或资产科目出现大幅增长且无法解释原因的情况,特别是相对于收入的增长
递延所得税	• 公司的递延所得税净额是否对净利润的波动产生了影响,使净利润从正值变为负值 • 公司是否存在巨额的递延所得税资产?这些递延所得税资产在未来会被转回和使用吗 • 公司是否设立了与递延所得税资产相关的价值准备科目?其价值是否出现波动
或有事项和准备	• 仔细研读资产负债表和附注的披露信息 　- 或有损失 　- 或有负债 　- 准备金 　- 衍生负债 　- 类似科目 • 考虑公司是否设立了"饼干罐"准备

案例研究

以下案例中的公司由于操纵报表,可能已经遭到指控——但并不一定被判有罪。这些案例论证了本章节提及的很多概念。注意其中的一些概念可能与后续其他章节的内容有关;然而,完整的案例研究证明了会计操纵的多样性。

案例 4.1　HT 公司

背景资料

- HT 公司是一家在内华达州的控股公司,业务经营地为中国哈尔滨。其最近交易记录显示股价为每股 23.30 美元,市值达到 43 458 万美元。2005 年,HT 公司通过反向收购壳公司 T 成功在美国上市。

- 通过其在美国和中国的分支机构,公司主要从事设计、开发、生产及销售电机业务。产品主要销往中国,国际市场则主要面向北美,南亚和非洲市场也有所涉及。HT 总部位于中国哈尔滨,并且拥有全资子公司。

- HT 的产品主要针对国际设备制造商的零部件或集成系统,并与主要的系统集成商进行合作,联合开发和生产新产品。

- 公司的供应商包括贵阳某物流技术股份有限公司、某油田、绥芬河某商贸公司和上海某设备有限公司。

- 公司拥有三条产品线：① 直线电机及集成系统；② 汽车微型特种电机；③ 工业用电机。HT 在中国经营三家生产厂，并且均为其控股子公司。

- HT 通过其间接全资控股的子公司 HTD 和 WH 电机（Hengda）开展业务：2008 年 7 月 10 日，HTD 收购 WH 电机，在 2008 年支付现金大约 5 400 万美元（3.7 亿元人民币），并且按照协议在两年内支付剩余款项 70 万美元（500 万元人民币）。该项交易在 2008 年 7 月 15 日完成。2008 年 10 月，公司通过另一家间接全资控股的子公司 Advanced Automation Group, LLC（AAG）成立了 Advanced Automation Group 上海有限公司（AAG 上海），开展设计、研发、生产、销售等业务，并且提供工业用自动化控制器的直线电机定制服务。

- 从表面上看，HT 的收益轻松达到预期（见表 4–12），并且在 2008 年至 2010 年持续上升。2009 年报告中的收入较 2008 年增长 86%（从 12 000 万美元增加到 22 320 万美元），2000 年至 2010 年收入增长 91%（从 22 320 万美元增加到 42 650 万美元），毛利润则从 2008 年的 4 748 万美元增长至 2010 年的 13 570 万美元，增长率达到 186%。2008 年至 2009 年经营性收益增长 47.6%，2009 年至 2010 年该指标增长 50.2%。公司呈现快速增长，并且盈利能力高于同行业竞争者。尽管呈现强劲的增长，公司并没有进行任何股利分配，而是将现金留存计划用于未来业务扩张。

- 然而，经过详细检查后发现，尽管公司收入呈现强劲增长，但其自由现金流为负，如图4-13所示。2008年至2010年，2008年投资活动产生的现金流超过经营活动产生的现金流91.7%（分别为-8 110万美元和4 230万美元），2010年投资活动产生的现金流超过经营活动产生的现金流19.5%（分别为-11 150万美元和9 330万美元）。

表4-12　HT公司利润表

（单位：美元）

项目	2010年	2009年	2008年
销售收入	426 481 250	223 234 394	120 820 302
销售成本	290 768 312	146 622 220	73 343 521
毛利润	135 712 938	76 612 174	47 476 781
研究与开发费用	3 423 386	2 093 366	1 170 169
销售管理费用	38 974 147	18 671 507	11 913 435
经营性收益	93 315 405	55 847 301	34 393 177
其他费用（收益净额）			
其他收入净额	(5 489 629)	(5 462 148)	(1 575 224)
利息费用净额	4 593 099	12 315 645	6 065 814
货币汇兑损失	—	9 000 000	—
债务回购收益	—	(4 155 000)	—
分部资产处置损失	623 158	—	—
权证公允价值变动	(574 131)	13 214 525	—
其他（收益）费用净额合计	(847 503)	24 913 022	4 490 590
利润总额	94 162 908	30 934 279	29 902 587
所得税费用	14 915 151	7 796 084	4 523 888
净利润/可供分配利润	79 247 757	23 138 195	25 378 699
综合收益	90 514 002	16 340 411	39 974 020

表4-13 HT公司现金流量表

(单位：美元)

项目	2010年（调整后）	2009年（调整后）	2008年
经营活动产生的现金流			
归属于非控制性权益的净利润	2 432 411	3 491 414	—
归属于大股东的净利润	76 815 346	19 646 781	25 378 699
合并净利润	79 247 757	23 138 195	25 378 699
净利润至现金流调整			
经营活动产生现金流：			
经营活动产生的净现金流	93 282 848	62 516 753	42 305 045
投资活动产生的现金流			
购置固定资产支出	(19 510 180)	(8 478 159)	(16 035 159)
处置固定资产收益	206 509	282 877	—
减去在建工程的增加	(1 010 284)	(3 733 692)	(16 386 519)
收购少数股东权益支付的现金	(27 230 236)	(83 958 460)	(53 335 500)
用于并购非控制权益的支付款	(27 684 220)	—	—
减去待处置子公司所持有的现金	(602 948)	—	—
出售子公司控股权产生的收益	1 846 105	—	—
投资活动产生的净现金流	(111 457 700)	(89 122 339)	(81 099 041)

- "用于并购非控制权益的支付款"为2 768万美元，来自HT的一家子公司，SM电机。Citron研究表明SM电机的现金调整、应付账款/

应收账款及存货估值均存在问题。SM 电机最主要的设备是一台使用了 50 年的旧机器,生产流程自动化效率低,需要资本投入对设备进行更新以保持竞争力。然而,在 2010 年的年度财务报表中显示,HT 公司在并购 SM 电机时,尽管该工艺已经被淘汰,但并购该工艺仍产生了 4 180 万美元的商誉。

- "支付给原始股东的并购款"为 2 723 万美元,是 2009 年和 2010 年年末向原始股东支付收购 SM 电机和 WH 电机的剩余款项。子公司的股东并未在 HT 2010 年的年报中有所提及。

- 投资者关系和资本结构:
  - 主要股东:

    杨某:40.7%。

    Orchard Capital:6.3%。

    Abax:5.4%。

  - 2004 年,首席执行官杨某和他的兄弟以欺诈方式获得了中国建筑进出口总公司的公章为 HT 申请贷款。在与中国建筑进出口总公司签订的一系列协议中,为了使中国建筑进出口总公司能够撤销对其发起的刑事诉讼,首席执行官杨某承认了自己的犯罪事实。首席执行官杨某拥有 HT 的子公司(见表 4-14)HTD 100% 的股权。

表 4-14 HT 的子公司信息

HT 的子公司	注册地	所有权
Advanced Electric Motors, Inc.(AEM)	特拉华州,美国	100%
哈尔滨 HT 有限公司(HTD)	哈尔滨,中国	100%
Advanced Automation Group, LLC(AAG)	特拉华州,美国	51%

(续)

HT 的子公司	注册地	所有权
Advanced Automation Group 上海有限公司（AAG 上海）	上海，中国	51%
上海 HT 有限公司(STFE)	上海，中国	100%
威海 SM 电机有限公司(Weihai)	威海，中国	100%
西安 SM 电机有限公司(Simo Motor)	西安，中国	100%

数据来源：美国证券交易委员会官方网站 2010 年财报 10 - K 报表。

- 董事会成员背景资料：
  - Plowman 是 HT 的审计委员会负责人，并且担任 HT 此次私有化特殊委员会的负责人。他同时也是 Abax 控股公司的董事，这些公司包括 Abax Global Opportunities Fund、Abax Arhat Fund、Abax Claremont Ltd.、Abax Jade Ltd.、Abax Emerald Ltd.、Abax lotus Ltd.、Abax Nai Xin A Ltd. 和 Abax Nai Xin B Ltd.（Abax 公司）。Plowman 遭到前任雇主委托人的控告，该雇主现处于破产清算中。
  - David 是某 BB 公司董事会的成员，该公司涉嫌著名的欺诈案。2011 年 11 月，他辞去了 HT 的董事一职。
  - 徐某（首席财务官）从 2003 年 11 月起担任 HT 的首席财务官。从 1998 年 9 月到 2000 年，他担任哈尔滨某家电公司的首席财务官。从 1996 年至 1998 年，他担任哈尔滨某房地产公司的财务经理。

发生了什么

- 2010 年 10 月 11 日，HT 董事会发表声明称公司已经收到来自首席执行官及董事长发出的非约束性要约，杨某和某投资集团提出对公司实行私有化，收购价格为每股 24 美元，较 20 个交易日的平均价格溢价36%。高盛将为杨某提供顾问服务。Maxim Group, LLC 和 Roth Capital Partners, LLC 两家公司的分析师调整了对 HT 的评级,将其股票评为"买入",而目标价位为每股 24 美元,与收购价格相等。Maxim 的分析师称 HT 的财务报表数据"大概"是可信的。

- 然而,在 2010 年 11 月,HT 发布消息称某投资集团可以采用股权或债权的形式为此次私有化交易提供资金,而这仅仅是一项权利而非义务,该项金额最高可达到总交易金额的 10%。HT 仍打算按照之前宣布的每股 24 美元的价格进行收购,并且在寻求其他融资渠道方面不受任何限制。在该时点,HT 的股票交易价格为每股 16.45 美元。

- 同月,首席执行官杨某与国家开发银行(CDB,以下简称国开行)签订了一项 5 000 万美元的贷款协议,其中 1 500 万美元指定用于偿还对外短期负债。国开行并未基于 HT 的资产或现金流对该笔贷款进行证券化,取而代之的是由首席执行官承诺使用 HT 700 万的普通股为贷款做抵押,并且要求其承诺,如果股价跌到更低的水平,将用额外的普通股进行抵押。在交易时点,为 5 000 万美元的贷款进行抵押的 700 万普通股的市值为 1.4 亿美元。

- HT 的特殊委员会正在监督私有化进程,并且帮助首席执行官杨某寻找合适的收购者。在私有化前的 7 个月(2010 年 11 月至 2011 年 5 月),公司并没有发表任何关于首席执行官杨某作为官方收购者的声明,或者特殊委员会有关私有化进程的决策。市场投资者对协议已经达成表示质疑,股价自 2010 年 11 月首席执行官杨某首次公开表明其收购意图后下跌了 31%。在 2010 年 11 月至 2011 年 6 月期间,短线做空的股票达到 4 700 万股,这代表仍有 28% 的股票可供交易。

- 2011 年 4 月,HT 发表声明称国开行将为其提供 4 亿美元的私有化贷款,另外包括 Abax 为此次私有化交易所进行的融资 6 380 万美元。Abax 管理资金达 9 亿美元,其初始投资者同时也是最大投资者摩根士丹利,与国开行同为此次私有化的投资者。根据 2011 年 5 月的监管文件显示,HT 此次私有化交易的成本为 46 380 万美元,收购价格为每股 24 美元。由国开行和 Abax 为首席执行官杨某提供所需资金。摩根士丹利为此次私有化交易特殊委员会聘请的财务顾问。

- 2011 年 6 月 7 日,HT 股价出现 5.9% 的下跌,达到 13.68 美元,比每股 24 美元的收购价格低 10.32 元。收购价格与股票交易价格出现 75% 的差异,这是 5 亿美元以上的国际性现金收购案中有史以来的最大差异。

- 2011 年 5 月,HT 接到很多来自专业投资人员的电话和邮件,询问有关首席执行官杨某和首席财务官徐某失踪的传闻。HT 的股价从 15 美元暴跌至 6 美元以下,并在周末反弹至 8 美元左右。在之后的声明中,HT 及其管理层对传闻予以坚决否认,并称包括首席执行官杨某和首席财务官徐某在内的整个管理团队均在正常工作,履行其管理职责。

- 2011 年 6 月,按照协议 HTD 以每股 24 美元的价格收购 HT,而 HTD 的控制人为首席执行官杨某。在该笔交易中,HT 的估值为 7.5 亿美元。在公布了由管理层发起的收购声明后,HT 的股价上涨至每股 13 美元。该股价仍然显著低于收购价格每股 24 美元,说明投资者依然没有信心。

- 2011年11月3日，HT发表声明称已经完成了2011年7月19签订的计划合并协议。至此，公司成为HTD的全资控股公司，控制人为HTD的首席执行官杨某。

警示信号

- 中国国家工商行政管理总局与美国证券交易委员会收到的文件不符。根据HT合并的四家子公司向中国国家工商行政管理总局报送的资料显示，2010年净利润为1 200万美元，而向美国证券交易委员会报送的数据为8 000万美元。

  另外，HT在向美国证券交易委员会报送的文件中低估了负债，而这些负债均出现在了向中国国家工商行政管理总局报送的资料中。2010年，HT向美国证券交易委员会报送的文件显示其总负债为1.8亿美元，而向中国国家工商行政管理总局报送的子公司合并负债为2.44亿美元。

  中国国家工商行政管理总局的文件显示其盈利能力较低，并且没有披露其子公司的负债：在2009年和2010年的财报中，HTD分别确认了100万美元和300万美元的损失，另外上海HT有限公司在这两年也分别确认了200万美元和130万美元的损失。

- 对于财务结果缺乏验证。HT在2009年和2010年均实现收入翻番，每年以5亿美元的速度增长，并且击败了行业领先企业。但是其并没有披露任何一个与公司有业务合作的大客户或大额订单以供查证。之前年度的相关文件中提及的主要客户在哈尔滨的业务很少，或者根本就没有业务。HT的营业利润率大约为20%，这一数值是中国大陆同行业竞争者的3倍多。

- HT 的审计机构 Frazer Frost 已经倒闭了。由于在审计工作中未能尽责，以及没有发现另外一家中国公司 LN 的欺诈行为而遭到美国证券交易委员会的制裁，最终导致 Frazer Frost 公司解散。尽管如此，Frazer Frost 仍然担任 HT 的审计机构。尽管聘用了"白鞋"投行高盛和摩根士丹利，但 HT 仍在审计机构的选择上存在疏忽，由于没有聘请四大审计机构中的一家而导致内部问题的出现。

- 收入呈现高增长，但是缺乏能够验证该增长的客户（见表 4-15）。HT 通过直线电机和微型电机为客户提供电机解决方案，因此应该具有一个客户群及大额的生产订单。HT 的收入增长巨大：公司的解释是相比于 2008 年，2011 年第二季度会开展更多的经营业务——两年间达到 400% 的增长——该指标很高。但是并没有一个客户可供第三方独立验证。伴随着每年 5 亿美元的增长，每年只有不超过 1 000 万美元的收入能够得到客户的验证。HT 不再对 2010 年的客户集中程度和数量进行披露。2008 年 HT 最大的客户（2009 年排在第二）江苏某汽车座椅调角器总厂并不生产或销售座椅电机（在尝试扩大生产线），且声称并没有购买过电机。即使是对摩根士丹利引入的可能收购者，HT 也不愿披露或谈论这些客户。

表 4-15 销售收入明细

（单位：美元）

产品线	2010 年销售收入	2009 年销售收入	2008 年销售收入
直线电机和相关系统	76 334 053	60 640 554	49 785 537
定制微型电机	60 766 922	40 231 091	34 195 658
回转电机			
威海	93 249 223	72 240 555	27 609 487
西安	188 464 807	44 068 683	—
其他	7 666 245	6 053 511	9 229 620
合计	426 481 250	223 234 394	120 820 302

(续)

产品线	2010年销售成本	2009年销售成本	2008年销售成本
直线电机和相关系统	30 400 634	24 684 185	23 035 347
定制微型电机	39 964 248	24 451 557	20 605 970
回转电机			
威海	82 440 427	64 182 822	24 578 224
西安	133 137 128	30 128 005	—
其他	4 825 875	3 175 651	5 123 980
合计	290 768 312	146 622 220	73 343 521

数据来源：美国证券交易委员会官网2010年财务年报10-K报表。

- 土地交易不符。2011年6月，HT突然宣布有一笔2 300万美元（1.5亿元人民币）的保证金用于在中国西安临潼为新工厂购买土地使用权。与SM电机签订的土地使用协议为50年，SM电机将支付总额约为3 880万美元用于购买500亩（1亩≈667平方米）的工业用地。该交易并没有在最近的公告、会议或投资者报告中进行披露，而该信息仅出现在2011年第一季度的10-Q报表中。该购买价格几乎与HT 2011年第一季度公布的税前利润相等。

  HT最近支付的土地价格折合每亩为500 000元人民币，远高于国土资源局记录的土地价格。国土资源局2008年的记录显示，几乎在该年相同时点购买的242.85亩工业土地的单价为每亩70 000元人民币——这说明在三年间土地价格溢价率为700%，真是让人难以置信。

- 向未披露第三方预付不必要的现金"费用"。2011年2月，HT与第三方签订了一项顾问服务协议，该协议内容包括在2011年至2015年的五年间为公司提供顾问服务，帮助其在中国资本市场进行融资。

顾问费为 300 万美元且不退还，HT 预付了 290 万美元。

- 缺乏透明性。HT 的特殊委员会并没有提供有关私有化进程决策的实时信息。美国投资者希望公司能够具备更高的披露程度并发布诚信的信息，2010 年，美国证券交易委员会有意对反向并购展开调查的公告引发投资者抛售股票。

  唯一欠缺的部分是特殊委员会所签订的一份明确的并购协议。特殊委员会的运作过程并不常见，尽管透明性的相对缺乏并不一定说明存在欺诈。

重要的教训

- HT 的私有化收购是中国股票首次涉及在美国交易。而接连不断的财务丑闻和收益重述（和财务欺诈）一直围绕着中国股票，这成为股份折价的主要风险因素。

- 失去投资者信任的 LN（Muddy Waters 研究称：LN 高估销售，并且其声称的销售合同其实并不存在）和 CG（Citron 的研究中显示：CG 的审计机构德勤解释称，在对管理层的表现失去信心后辞去了审计工作）的负面信息也使市场对 HT 持有相同的观点。

- 特殊委员会缺乏透明度，选择相对优秀的审计机构，尽管收入显著增加但是现金流却为负，预付顾问费及交易中涉及的土地价格过高，这些都导致大家认定管理层存在虚假陈述和财务欺诈。

- 然而，首席执行官杨某对于 HT 私有化的提案似乎很慎重，并且认为每股 24 美元的收购价格能够让股东满意。管理层在很多场合都表示，尽管首席执行官反复重申会始终如一地将股东利益放在第一位，但是由于市场中充斥的大量错误和误导性信息（例如 Citron 研究），公司的价值仍被无端低估。

- 鉴于 HT 的主要股东对于此次私有化收购提案均表示满意，如果美国证券交易委员会和/或中国国家工商行政管理总局要对 HT 的会计记录进行检查的话，此次私有化能否完成还有待观察。

案例 4.2　WS 公司

背景资料

- WS 是一家位于中国陕西省的水泥制造商。该公司拥有 17 条产品线，年产能大约为 2 300 万吨。

- WS 于 2006 年在伦敦股票交易所创业板投资市场上市，之后于 2010 年 8 月退市并在港交所上市。截至 2012 年 8 月，公司市值为 76 220 万美元，见表 4-16。

表 4-16　WS 的财务数据（截至 2012 年 8 月）

主要财务指标	财务数据（100 万美元）
市值	762
净债务	441.3
最近 12 个月的收入	506.1
最近 12 个月的息税折旧摊销前利润	181
最近 12 个月的净利润	105
总债务/息税折旧摊销前利润	2.9×
净债务/息税折旧摊销前利润	2.4×
企业价值/息税折旧摊销前利润	6.7×
市盈率	6.7×
市净率	1.1×

发生了什么

- 2011 年 7 月 12 日，穆迪发布一份报告，除了其他四家公司之外，也在 WS 的公司治理方面做了红色警示标记，并且该公司获得警示最多，表明其风险最高。WS 的股价因此下跌了 14.4%。

- 2012 年 8 月 8 日，Glaucus Research 对 WS 给出了强烈卖出建议，并称其是"明目张胆的欺诈"。WS 的股价最初仅下跌 1.5%。Glaucus 的主要观点包括：
  - WS 的盈利是捏造的。尽管是在竞争激烈的市场销售商品，该公司的利润仍比 H 股、A 股及当地竞争对手的利润水平高 20%。
  - WS 似乎以超高价格收购亏损的水泥厂。
  - 尽管该公司具备良好的经营性自由现金流，但仍继续进行高成本融资。
  - 该公司的审计机构及管理层出现非正常的频繁更换。
  - 过往的丑闻使公司治理方面显得不可靠。

- 在几天之后，公司管理层针对上述质疑逐一进行了回应，并且为了做一项投资者报告飞往香港。

- 2013 年 3 月，尽管水泥的市场需求仍很旺盛，但为了降低负债，公司发表声明称计划降低水泥产量，这也暗示其收入的增长并不代表盈利增长。

- 2013 年 10 月，公司市值下降 15%；然而，公司仍然维持正常经营，之后再没有与该指控相关的进一步消息。

WS/德意志银行的回应：

- WS 称之所以价格低是因为其公布的价格是出厂价格，其中不包括运输成本，而 Glaucus 获得的价格是实际的交易价格。

- Digital Cement 公布的市场价格仅代表西安（陕西省的省会）的价格，而并不代表整个陕西省。一般来说，省内不同的区域价格是有差异的。

- Cement.com 是业内认可的数据来源，从中可以看到 WS 的市场价格实际比其他竞争企业要高。

- WS 具备获得溢价的能力，因为：① 公司坐落于西安，具备战略性布局；② 公司在陕西省的南部拥有垄断地位。而在陕西省的南部存在很多其他竞争企业，其中大多数使用陈旧厂房并伴随高昂的生产成本及较低的能效。另外，它们也不具备生产熟料的能力，而这恰是水泥生产的必备原料，它们通常需要从 WS 购买。

- 公司的投入成本与其他竞争企业基本持平，在此基础上，公司还采用各种举措节约成本，降低销售成本和营业费用。

警示信号

- 2008 年至 2010 年，WS 的销售价格比陕西省的水泥销售价格平均低 3%，而成本与业内其他企业一致。在上述情况下，WS 不太可能获得显著高于业内其他竞争企业的盈利。

- WS 称其在陕西省的水泥生产行业占据领先地位，Glaucus 的报告显示在该领域有超过 85 家同类企业，其中的大多数位于陕西省的南部和东部。WS 对其所占市场份额的描述属于错误陈述。

- 2011 年下半年以及 2012 年年初，陕西省水泥价格再创新低，而同期煤炭的投资成本达到新高。产能过剩引发价格战，从而导致陕西省的水泥生产企业承受巨额损失。

- WS 的竞争者以每吨 60 元人民币的价格收购省内其他企业的产品。然而，WS 的收购价格平均为每吨 349 元人民币，与其他企业相比溢价 479%。

- WS 审计委员会的负责人李某曾服务于被丑闻缠身的另一家上市公司 SV。

- WS 的独立董事马某是 SV 的前任董事长。

- WS 的公司秘书冼某在 2007 年至 2010 年负责 BT 集团有限公司的公司治理。在 2008 年，由于被质疑存在欺诈，BT 的股票在价值贬损 80% 后遭遇多年停牌。

- WS 在四年间相继聘用了四家不同的审计机构。尤其是普华香港仅被聘用 4 个月后即宣布辞职，而援引的理由是 WS 无法支付 2011 年的审计费用。

重要的教训

- 如果一家公司的公司治理不健全，那么在分析其财务数据的时候必须要开展额外的审查工作。

- 对于超过业内领先企业的盈利应予以警惕，如图 4-1 所示。

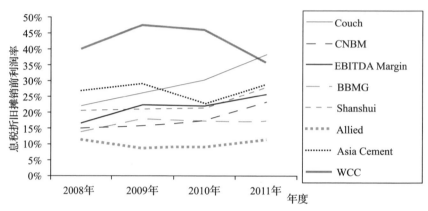

图 4-1　与 A 股上市公司对比息税折旧摊销前利润率

案例 4.3　CS 生物

背景资料

- CS 是一家位于上海的食品生产企业。公司于 2006 年通过反向收购在美国上市，并在 2008 年 10 月登陆纳斯达克。

- 公司专注于益生菌产品的研究、开发、生产、市场营销及配送。这些产品中富含活性菌，该菌类可以作为膳食补充剂、食品添加剂促进消化，有助于肠道健康。

- CS 的经营业务包含两部分：益生菌零售产品和散装益生菌添加剂。

- 零售业务的目标客户为大型超级市场和便利店，散装益生菌添加剂的目标客户主要集中在乳品企业和饲料行业。

- CS进入嗜酸杆菌丸剂生产领域，该行业属于成熟产业，行业内企业一般具备较低但是稳定的盈利水平。

- 2010年3月，CS的股价达到高位，即每股19美元，公司市值最高达到4亿美元。在2011年6月纳斯达克停牌前，股价下跌至每股3.46美元。

- 在简略地看过CS的财务状况后，感觉该公司还是比较有前途的。2010财年（2009年4月至2010年3月）总销售收入为8 140万美元，较上年增长50%，毛利率达到70%。

- 看起来CS拥有充足的现金储备，金额达到1.32亿美元（大约为6美元现金/股）。该现金总额是其被纳斯达克停牌前市值的150%。

- 公司引起了机构资金的兴趣，其中包括Wellington Management，其持有公司8.2%的股票，目前Wellington不再持有其股票。
- CS的审计机构为立信德豪（BDO国际会计师事务所在香港的分支机构）。

- 公司的主要股东：
    - 宋某：持股比例23%（之前任首席财务官，现任首席执行官/董事长）。
    - Azar Richard Essa：18.1%。
    - Kwok Leung Tai：5.3%。
    - Pope Investment：3.4%。

- 董事会成员：

  – 宋某（之前任首席财务官，现任首席执行官/董事长）。

  – 秦某。

  – 杜某。

  – Simon Yick。

  秦某、杜某和 Simon Yick 为独立董事。

发生了什么

- 2009 年年初，CS 引起了卖方的注意，原因如下：不寻常的利润率（刚上市毛利率达到 70%）及向美国证券交易委员会和中国国家工商行政管理总局提交的财务数据之间存在重大差异。

- 2010 年，卖方聘请的私人调查机构指控 CS 在上海所拥有的大多数门店其实并不存在。

- CS 回应称由于战略重心转向散装益生菌添加剂的销售，因此上述提及的门店均已被关闭。不过零售益生菌产品仍然属于公司生产范畴，并且仍在向签订协议的特定客户供货。

- 2011 年 3 月，立信德豪指控 CS 精心设计了一个计划，当立信德豪试图核查公司现金余额的时候，CS 向立信德豪提供了一个可以查询其银行账户（交通银行）的"可疑虚假网站"。立信德豪还提示一份销售合同中涉及的利息收益和印鉴（用于证明文件的真伪）均不合法。

- 尽管立信德豪拒绝对 2011 年的财务数据出具证明，但在之前两个审计年度（2009 财年和 2010 财年），立信德豪一直为 CS 提供审计服务。最终，立信德豪于 2011 年 6 月 22 日辞职。

- 2011 年 6 月，CS 的首席财务官蔡某辞职，继任者杨某为 CS 一家子公司的财务经理。

- 2011 年 6 月 15 日，由于错过 3 月底提交财务资料的规定时间，公司未能如期将年报的 10 - K 报表提交至美国证券交易委员会，也因此遭到纳斯达克的停牌处理。

- 2011 年 1 月，CS 的股票交易价格为每股 17 美元，而当 6 月公司从纳斯达克退市时，股价已下跌至 3.46 美元。股票在场外交易的最新价格为 1.35 美元，折合市值为 3 100 万美元。

警示信号

- 2010 年年报显示存货周转天数出现异常，约为 12 天。CS 2010 年的存货周转天数为 12 天，而 2008 年则为 9 天，这一情况与其生产经营模式并不相符（见表 4 - 17）。另外，2010 年的收入为 8 100 万美元。

表 4 - 17 存货周转情况

项目	2010 年 4 月—9 月	2010 年	2009 年	2008 年	2007 年	2006 年	2005 年
营业费用（美元）	16 119 083	24 070 203	16 197 267	12 310 092	8 910 633	6 445 148	4 419 649
存货（美元）	982 751	1 100 707	563 853	408 358	203 054	257 584	442 109
存货周转率	15.47	28.92	33.32	40.27	38.69	18.42	19.99
存货周转天数	11.63	12.45	10.80	8.94	9.31	19.54	18.01

- 公司虚报零售店的数量。尽管调查报告中称公司实际上在上海仅拥有 6 家零售店，但是 CS 2010 年向美国证券交易委员会提交的 10 - K 报表中显示其在上海拥有 70 家零售店。通过进一步调查，在对上海的超级市场进行确认后发现并没有销售"双金乳酸菌"，而这正是 CS 的主要产品。

- CS 的散装食品添加剂业务被过分夸大。CS 2010 年的收入为 8 100 万美元，其中有 26.8% 的收入（约为 2 170 万美元）来自散装食品添加剂业务，73.2% 来自零售业务。

  然而，在向中国保健协会咨询委员会进行查询的过程中，协会称目前本土生产企业还无法大规模生产益生菌，他们仅知道市场中的领导品牌是 Daniso（这是一家近期被 DuPont 收购的丹麦公司）及 Grape King（一家中国台湾公司）。

  CS 声称他们为大型乳制品公司提供散装食品添加剂，例如伊利、蒙牛和光明，但伊利已经否认 CS 是其供应商，而光明也发表声明称其使用的是自产的益生菌。

- 公司的应交税金暗示收入和盈利的增长。CS 2010 年的累计应交税金约为 3 057 万美元（见表 4 - 18），其中 60% 的税金至今未交。

  然而，公司声称的增值税全额免除在生物制品生产企业并不常见。税收机关不太可能允许账面上出现巨额欠税余额。

  CS 解释称那些并不是真实的所得税负债，而是因为在确认应计税金的时点，其五年前的免税金额还未获批。

  一种可能的解释就是 CS 的收入和利润被大幅夸大，而对于夸大的部分并没有按照适当的税率缴纳税金。

第4章 发现利润操纵

表4-18 应交税金明细

项目	2010年4月9日	2010年	2009年	2008年	2007年	2006年	2005年	合计
收入（美元）	48 524 366	81 363 973	54 197 082	42 321 111	30 609 941	21 862 385	14 421 772	109 215 209
毛利润（美元）	32 405 283	57 293 770	37 999 815	30 011 019	21 699 308	15 417 217	10 002 123	77 129 667
净利润（美元）	29 695 463	15 647 961	19 966 889	17 542 244	10 904 986	8 353 968	5 459 410	42 260 608
增值税（美元）	5 508 898	9 739 941	6 459 969	5 101 873	3 688 882	2 620 930	1 700 361	34 820 854
所得税（美元）	4 227 256	7 788 348	5 162 388	4 936 631	4 186 868	3 900 541	2 573 950	15 597 990
税金合计（美元）	9 736 154	17 528 289	11 622 357	10 038 504	7 875 750	6 521 471	4 274 311	50 418 844
应交税金（美元）	30 572 679	28 989 337	25 528 447	22 317 982	18 009 721	15 316 318	11 132 621	N/A
现金（美元）	158 843 559	155 579 371	70 824 041	64 310 448	26 992 025	19 840 812	10 271 503	N/A
资产（美元）	253 798 072	232 934 682	120 804 347	93 791 526	44 579 844	33 426 988	21 245 378	N/A
现金/资产	62.59%	66.79%	58.63%	68.57%	60.55%	59.36%	48.35%	N/A

重要的教训

- 对 CS 拥有巨额现金的错觉，令投资者乐观地认为其会进行分红和股票回购。然而，来自中国的信息使调查机构给 CS 做了红色警示标记。

  对中国当地网站上的信息进行进一步研究后发现，从当地媒体上找到的新闻可以让公司的经营活动更加鲜活地呈现在我们面前。另外也为我们提供了一个新的层面来观察那些财务数据。

- CS 在四年内共有 5 位首席财务官，第一任首席财务官宋某（主要的股东）的任期仅为 8 个月（从 2006 年 3 月至 11 月）。第五任首席财务官蔡某任期为一年半。看到公司首席财务官的频繁更换，投资者也应该有所警觉。

本章参考资料

China Biotics, Form 10-K for fiscal year ended March 31, 2011.

Eden, Scott. 2011. "Big Time Investors Lose Big on China." www.thestreet.com, June 23.

Glaucus Report on West China Cement.

Harbin Electric. Annual Reports for 2008 to 2010.

West China Cement. Annual Reports for 2009 to 2012.

亚洲财务
黑洞

第 5 章 发现经营性现金流被高估

本章将检查公司是如何夸大经营性现金流等现金流量数据的。这些公司还会像上一章中提到的那样夸大利润，同时夸大经营性现金流和利润的情况也很常见。本章将为你提供分析技术的检查列表及警示信号，这些都有助于你发现现金流操纵问题。

权责发生制下的利润表反映的是一段时期内的经营活动和盈利情况，一家公司未向雇员、债权人及其他各方进行支付的金额，应按照权责发生制进行确认，并最终形成净利润。因此，理解现金流是非常必要的。财务分析中使用的估值方法通常是基于未来预测的现金流，即通过描绘每一天的经营财务数据来反映经营业务的情况。分析师希望获得现金的来源和使用情况，特别是关注现金流是否来自经营活动、投资活动或融资活动。有些分析师用现金流来检查盈利的质量。如果一家公司粉饰利润表并夸大收益，我们可以检查现金流量表，看看现金流量数据是支持强劲的收益还是证明其并不真实。已经出现过很多这样的情况：一家公司公布了较高且增长的收益，但与此同时其现金流为负，最终这一情况被证明是会计欺诈。

　　不过，现金流量表并非绝对可靠，并且也会被人为操纵。与净利润一样，公司管理层也存在动机让现金流看起来比实际情况更好。他们可以通过真实的经营活动来达到这一目的，如将应收账款销售给第三方从而增加当期的现金流入。另一种方法是暂缓对供应商进行支付。尽管以上两个方法都不算违规,但是短期内刺激现金流量会遭受质疑,实际上这相当于公司在透支未来的资金。

然而,公司也有可能通过将现金流进行错误分类来令现金流看起来比实际情况更好。现金流量表由三个部分组成:经营活动产生的现金流、投资活动产生的现金流和融资活动产生的现金流。分析师更喜欢看到的是正向的经营性现金流,并且用这些现金在未来进行投资(投资活动)或返还给投资者或债权人(融资活动)。一家公司可以通过将现金收入定义为经营性现金流或将现金支出定义为投资活动(而不是经营活动)来使自身看起来比实际情况更好。举个例子,一家公司可能利用应收账款作抵押向债权人借钱,并且将该现金流认定为来自应收账款的出售(经营活动)而不是一项借款。实际上直接出售和以上述方式取得贷款是有区别的。在出售的情况下,如果应收账款无法全部收回,应收账款的购买者不拥有向出售者进行追溯的权力。然而,借款的情况下,公司对于无法回收的账目仍保有偿付义务。另外一个方法就是将正常的经营性支出划分为资本性支出,该方法在第2章中也有所提及。采用这种方式,就会导致经营活动产生的现金流被高估而投资活动产生的现金流被低估(资本性支出导致投资活动产生的现金流流出)。

理解现金流量表

利润表是按照权责发生制进行会计确认的,其准确反映了在此期间公司的收入和费用支出活动,该表并未提供财务分析及现金流预测所必需的完整数据。实际上,利润表并不会揭示一家公司是如何进行现金管理的。除利润表所显示的信息外,现金流量表提供了必要的补充信息。表5-1是一家假设公司的现金流量表。

表5-1 假设公司2013年1月31日现金流量表

(单位:美元)

项目	金额
经营活动	
从客户处收回的现金	20 000
用于支付租金的现金	(2 000)
支付给员工的现金	(3 000)
支付公共事业	(2 000)
经营活动产生的现金流	13 000
投资活动	
购买设备	(60 000)
购买证券	(3 000)
出售证券	3 500
投资活动产生的现金流	(59 500)
融资活动	
发行股票	200 000
应付票据的增加	50 000
回购股票	(100)
融资活动产生的现金流	249 900
现金流合计	203 400
期初现金流	0
期末现金流	203 400

我们已经在之前的章节中说明,所有的财务报表之间都存在联系。虽然利润表和现金流量表反映的都是期初和期末两个资产负债表时点之

间的数据流，但是两张报表关于数据流的计算方法并不一样。利润表是对所有者权益中未分配利润变动情况的总结，而现金流量表则是对该期间现金账户变动情况的总结。为了能够做出有见地的分析，两张财务报表结合使用会为我们提供有价值的信息。因此，理解两张报表之间的钩稽关系对于分析师是非常重要的。

利润表和现金流量表都是基于历史信息，为使用者提供了一种用来评估管理层的历史业绩的方式。结合资产负债表，这些报表也为使用者提供了预测未来现金流的基础（比如，回收应收账款及偿还负债）。

美国通用会计准则或国际财务报告准则都要求将报表期间引起公司现金及现金等价物变动的细节在现金流量表中进行列示。现金等价物包括随时可以转换成特定金额现金的投资。在上述两个准则下，此类资产在报告期内发生的净变动会被划分为三个部分进行确认：经营活动产生的现金流、投资活动产生的现金流和融资活动产生的现金流。表5-1是一家假设公司的现金流量表，我们可以在该表格中看到上述三个组成部分。

在美国通用会计准则下，每一项现金（或现金等价物）的变动都会被计入上述三个部分中的一个。国际财务报告准则则对于特殊项目提供了一些选择，这些将在后文进行讨论。在国际财务报告准则或美国通用会计准则下，完整的现金流量表将现金及现金等价物的变动情况进行了汇总，并结合期初资产负债表对期末资产负债表的现金余额进行调整。现金流的净变动综合了三个部分的变动结果——经营活动、投资活动和融资活动。

公司会通过经营活动或融资活动及投资活动来维持资本运营基础，

这就导致了现金的变动。对于健康并处于成熟期的公司,经营活动应该可以维持自身的运转;通过销售可从客户处获得足够的现金,用以支付存货成本及因实现销售而产生的其他费用,如工资。投资活动,如出于经营需要购买及处置长期资产,所使用的现金一般为经营活动产生的超额现金。公司也可以通过发行债务或股票筹集资金进行投资,而发行债务和股票交易就是公司的融资活动。

对于新兴或处于快速发展时期的公司,在不进行借债或发行股票的情况下,其经营活动所产生的现金流一般无法单独维持自身的运转。然而,一家处于成熟期的公司则可依靠当期的经营维持运转,并不需要通过发行债券或股票来进行融资。一家公司想要长期存续,其基本经营必须能够维持自身运转。否则,公司最终将不得不承担超额负债,导致最终无法再发行债务或股票。如果上述情况持续下去,公司就会破产。所以,为了能够深入了解公司的财务情况,对其如何管理现金有一个清晰的认识是至关重要的。

现金流量表是从经营活动开始列示的。经营活动部分主要反映公司经营活动所产生的现金收入/现金支出,收入(利润表)中的现金就被计入该部分。因此,这为我们提供了一个与权责发生制下生成的利润表进行对比的机会,并能够突出权责发生制的假设对报表数据的影响。在美国通用会计准则下,经营活动产生的现金流包括从客户处收到的现金、收到的利息或股利,以及向供应商支付的现金,比如营业成本、所得税和利息成本。

在美国通用会计准则下,支付利息的现金流出归属于经营活动,而向股东发放的红利则归属于融资性活动。由此可见,在美国通用会计准则下，利息支付和股利支付被归属于现金流量表的不同类别中。国际财务报告准则对于该项目的处理则有所不同，其允许公司自由选择将与利息或股利相关的现金流归入经营活动还是融资活动。与支付利息不同，向债权人和权益资本提供者偿还本金的行为被归属于融资活动，这一问题会在后文进一步讨论。

现金流量表中的投资活动部分包括为满足公司经营需要使用现金购买固定资产（如物业、厂房及机器设备和无形资产）的行为。购买这些资产会造成现金流出，而处置这些资产会造成现金流入。注意现金流量表中的投资活动并不包括针对所有固定资产进行的操作，只有涉及现金收入或支出的项目才属于该部分。非现金收购，如利用按揭收购一幢建筑物，则会作为补充信息在现金流量表中进行披露。

现金流量表中的融资活动显示的是来自投资人的长期资本现金的流入和流出，其中包括来自股东（所有者）的股权投资及来自债券持有人和其他债权人的借款，具体表现包括初始投资人的现金投入会导致现金增加，向股东支付股利（在美国通用会计准则下）会导致现金减少，回购股票（库存股）及向债券持有人和其他债权人偿还本金也会导致现金流出。

现金流量表中的该部分与资产负债表中的长期负债和所有者权益相关。需要记住的是，在国际财务报告准则下，现金利息的支付也可以归属于该部分。

现金流量表将所有与现金及现金等价物有关的活动进行总结，它描绘了银行账户的实际变动情况，并将各种活动进行分类汇总。现金流出按照支付的内容来进行分类，而现金流入则根据现金流的来源进行分类，这种生成现金流量表的方法被称为"直接法"。该方法详见之前假设公司的现金流量表。

在直接法下（见表5-1），经营活动中的每一行都代表某一类现金流出或现金流入的合计。比如，经营活动部分包括下列内容：从客户处收回的现金；向供应商支付的现金；用现金支付的利息；用现金支付的工资；用于研究与开发的现金支出；用于销售的现金支出；一般行政管理成本；其他相关的科目。

投资活动则包括用于收购资产的现金支出及处置同类资产产生的现金流入，同时还包括持有其他公司股票产生的现金支出及后续出售股票产生的现金流入。

融资活动包括从投资的企业获得的及任何向股东支付的现金，无论是通过股票回购还是股利支付。融资活动中的负债是指从债权人处获得的现金减去向其偿还本金的差额。

美国通用会计准则和国际财务报告准则都鼓励公司采用直接法列示经营活动产生的现金流。但是，另一种方法，即间接法也是允许使用的。直接法是将现金账户变动细节进行汇总，正如之前所说的，该方法是将同类别中的现金流入和现金流出进行对应列示。在这一直观的编制方法下，表中的各个项目对于分析师来说都比较容易理解。实际上，在国际财务报告准则和美国通用会计准则下，融资活动和投资活动也都是按照这种方法进行列示的。

在推荐直接法的同时，美国通用会计准则和国际财务报告准则也要求在使用直接法编制现金流量表时，财务报表附注中必须披露对按照权责发生制确认的净利润进行现金项目调整的细节。而这种调整采用的就是间接法。表5－2中假设公司的现金流量表是采用间接法编制的。

表5－2 假设公司2013年1月31日现金流量表

（单位：美元）

项目	金额
经营活动	
净利润	7 000
加折旧费用	1 000
减销售股票产生的收益	（500）
减应收账款的增加	（10 000）
减存货的增加	（5 000）
加应付账款的增加	20 000
加应付利息的增加	500
经营活动产生的现金流	13 000
投资活动	
购买设备	（60 000）
购买证券	（3 000）
销售证券	3 500
投资活动产生的现金流	（59 500）
融资活动	
发行股票	200 000
应付票据的增加	50 000
回购库存股	（100）
融资活动产生的现金流	249 900
现金流合计	203 400
期初现金	0
期末现金	203 400

公司可能会选择下列中的一项去做：

- 使用直接法编制现金流量表，并使用间接法提供补充资料。
- 使用间接法编制现金流量表。

可以理解，大多数公司会选择采用单一的方法，即使用间接法编制现金流量表。仅有极少数的公司会提供直接法下编制的现金流量表。

间接法将经营活动产生的现金流与以权责发生制为基础编制的利润表联系了起来，并将两张报表之间的差异进行分类。利润表反映了公司的经营情况，其编制基础为权责发生制而不是现金制（收付实现制）。利润表中的大多数项目都与现金流量表中的经营活动有关。在编制现金流量表的过程中，会将利润表中那些并没有导致现金发生变化的科目例如折旧及摊销费用移出，这些科目是因为权责发生制和收付实现制的确认时间不同而产生的（例如应收账款、应付账款以及预付账款的变动），另外，在利润表中还有少数科目按照现金流的划分并不属于经营活动产生的现金流（例如销售固定资产产生的收益或损失——记住，销售固定资产产生的现金流归属于投资活动产生的现金流）。采用间接法编制的现金流量表实际上有助于分析师验证哪些净利润是人为增加的，而这部分将会在经营性现金流调整过程中从净利润中剔除。

利用现金流量表来评估盈利质量

近年来，基于现金流数据计算的指标逐渐被广泛使用。正如之前所说，当会计利润良好，雇员、债权人和投资者就倾向于现金支付。另外，对于一些确认盈利较为激进的公司来说，通过核查现金流指标就可以了解公司的盈利质量，也可以用现金流来替代所有财务比率中使用净利润的地方来获得现金流比率。在本节我们会重点介绍一些实用的现金流指标。

可以通过观察收入中现金流的占比来判断一家公司的盈利能力，常用的指标为经营现金比率，计算如下：

$$经营现金比率 = 经营活动产生的现金流/销售收入$$

该指标代表了收入中经营性现金流的比例。如果该指标为5%，就说明每100美元的销售收入中，可以获得5美元的经营活动现金流。

我们还可以通过类似指标来计算资产的现金回报：

$$总资产现金回报 = 经营活动产生的现金流/平均总资产$$

如果该指标为10%，就说明公司每价值100美元的资产能获得10美元的经营活动现金流。

结合上述指标，可以评估企业获取现金流的能力。举个例子，如果基于收益计算的指标显示了强劲的盈利能力，而基于现金流计算的指标显示不具备获取现金流的能力，这就暗示收益的质量较低。然而，这也暗示公司正处于快速成长周期，所以该项指标分析仅适合作为分析的起点。如果基于收益和现金计算的比率不匹配，那么分析师应该仔细检查该公司使用的会计方法及估值方法。

另外一个用来验证盈利质量的方法是将经营活动产生的现金流与净

利润进行比较。该对比既可以比较金额也可以比较现金收入比：

$$经营活动产生的现金流/净利润$$

在任何一年，该比率有可能大于1，也可能小于1。然而从长期看，该比率应该大于1。这是由于从净利润中扣除的非现金项目（主要是折旧）并不代表经营现金流流出。实际上，与收购可计提折旧的资产相关的现金将归属于投资活动产生的现金流出。在讨论过程中，如果该指标持续低于1或持续下降，则暗示盈利质量存在潜在问题。如果发生这种情况，一定要对其财务问题予以特别关注。

在理想的情况下，一家公司的经营现金流应该能够满足资本支出的需求。一家公司自由现金流的计算如下：

$$自由现金流 = 经营活动产生的现金流 - 资本性支出$$

该指标为正，则暗示存在自由现金流，经营现金流超过必要的现金需求。

应用：某商业公司

某商业公司（以下简称RC）是中国的一家地下商城开发商。公司在繁华地区的地下防空道内安装家具和设备。尽管出于法律原因（该地下防空设施为城市防御之用），RC并不具备房地产的所有权，但其有权将这些资产用于商业运营。2010年和2011年，其财报中显示净利润出现巨额增长。下面是2010年至2011年RC的现金流量表中的经营活动部分（见表5-3）。

表5-3 2010年至2011年RC的现金流量表（经营活动部分）

（单位：1 000元人民币）

项目	2011年	2010年
经营活动		
当年净利润	5 439 287	3 654 412
调整项：		
折旧	29 913	22 692
净融资费用	457 240	291 866
处置房产和设备产生的损失	47	102
处置投资性资产产生的收益	(6 512)	—
处置子公司产生的净收益	(8 762)	(3 431 389)
投资性资产公允价值的变动	(6 867 322)	(1 333 182)
所得税	1 987 110	248 052
不考虑营运资本变动前的营业利润	1 031 001	(547 447)
银行存款的增加/减少	(184 083)	306 562
交易和其他应收项目的增加	(638 605)	(1 063 576)
交易和其他应付项目的增加	189 448	3 115 135
存货的减少	824 757	153 485
所得税支付	(203 267)	(474 855)
经营活动产生的净现金流	1 019 251	1 489 304

注意，在利润出现巨额增长的同时，经营性现金流金额却很小且出现下降。这个差异暗示存在潜在问题。注意应收账款的调整及投资性资产公允价值的变动均为负。这两项指标解释了为何利润与现金流之间存在如此大的差距，同时也引起对公司真实财务状况的担忧。上述数据显示所有的利润实际上是来自投资性资产价值的增加。另外，应收账款的增加也暗示未来款项的回收会存在问题。

现金流把戏

由于总现金流或经营活动产生的现金流合计是揭示公司价值的重要指标,典型的现金流把戏会将焦点放在这两项指标的增加上。正如之前所提及的,为了达到上述目的,公司可以进行两种操作,其中一种做法就是通过参与真实的活动来增加当期的现金流,然后再在未来进行转回,而另一种做法是将现金流错误分类以实现对现金流的高估。

参与真实的活动来增加当期现金流的做法包括加快获取现金或延迟现金支付。典型的活动包括:

- 积极鼓励客户尽可能快地支付现金。
- 以代收方式将应收账款出售(应收账款以买断的方式折价出售,并且不具备追索权)。
- 延迟向供应商、雇员及其他方进行现金支付。

通过观察现金流表中关于净利润的调整项目,如果发现相比于同期数据现金流出现非常规性增长,那么就说明可能存在上述提及的现金流把戏。在对未来长期现金流进行预测的时候,分析师应该考虑这些非正常的操作对于现金流的影响。

另一种现金流把戏会选择对其他指标(如自由现金流)而不是总现金流进行人为调整,这样做同样会对估值产生影响。具体表现为通过赊账方式购买厂房及机器设备。实际上,这种行为就相当于公司借了一笔钱(融资活动产生的现金流入)去购买设备(投资活动产生的现金流出),但是如果该交易按照直接的借款交易进行操作,就会绕过现金流量表。这类交易均被要求在财务报表附注中进行披露，所以仔细察看附注对于发现这些问题及合理地预测自由现金流都非常重要。

人为操纵是指通过多样化的活动来使经营现金流被高估。一个简单的例子就是之前所提到出售应收账款。如果一家公司将应收账款转让给另一家公司，但是仍要考虑回收问题（转移时含追索权），那么这就不是真正的销售，而应视为一项借款，所涉及的现金应被计入融资活动而不是经营活动。在上述情况下，应收账款应该仍保留在资产负债表中。公司可能试图将这笔交易伪装成一项销售，并且进行不当分类，将其归属于经营活动而非融资活动。

采取上述这类操作的公司，后期还会将融资活动产生的现金流转移（不正当地）至经营活动产生的现金流。美国公司安然利用财务公司设立了一系列的特殊目的实体，并将这些实体之间的借款"洗"成经营性收益和经营活动产生的现金流。分析师应该认真检查财务报表附注所披露的信息及那些特殊目的实体，以发现任何不寻常的财务活动。

公司常用的另一个增加经营活动产生的现金流的方法就是将正常的经营费用归于资本性支出，世通就是这样做的。该方法可以同时增加经营性收益和经营活动产生的现金流。

应用：JH 公司

我们来回顾一下在之前章节讨论过的案例 JH 公司。除操纵收入之外，JH 报告（见表 5-4）中称购买林木是一项资本性支出而不是存货。因此，他们将其确认为一项投资活动产生的现金流出，而不是经营活动产生的现金流出。

表5-4　JH报告

（单位：100万美元）

项目	2010年	2009年	2008年	2007年
收入	1 924	1 238	901	714
净利润	395	286	229	152
不考虑△营运资本变动的经营性现金流	1 174	826	542	456
△应收账款变动	(346)	(59)	(111)	24
△其他营运资本变动	12	17	53	7
经营活动产生的现金流	840	784	483	486
林木资产增加	(1 359)	(1 032)	(657)	(640)
其他投资性支出	(43)	(36)	(47)	(52)
经营性和投资性现金流合计	(562)	(285)	(221)	(206)

值得注意的是，经营性现金流在被高估的时候，自由现金流却没有受到影响。由于自由现金流是用经营性现金流减去资本性支出计算得出的，所以对于这类现金流把戏，检查自由现金流有助于发现问题。

结语

现金流量表是非常重要的。可以说与利润表相比，现金流量表对于分析师同样重要。现金流对于公司运营和经营业务的估值来说都是非常重要的。现金流量表能够为我们提供很好的渠道，用以检查利润表中的盈利质量。然而需要注意的是，公司管理层也可以对现金流进行操纵。相关警示信号见表5–5。

表5-5 现金流警示信号

类别	警示信号
促进现金收入的增加或延迟现金费用的支付	• 寻求贴现、出售应收账款或其他能够尽早转换成现金的方式 • 看看公司是否延迟对供货商或其他第三方进行支付,如应付账款增加
将借款行为归于经营性现金流入	• 或有负债和表外负债进行披露了吗(还是没有披露) • 查找互惠或回购协议/或保险类合同 • 是否存在来自非正常客户的收入(财务服务公司)
将支出归属于资本性支出,而该处理方式并不正规	• 长期资产是否存在不正常的增长 • 是否存在非正常规性资产 • 资本性支出是否存在不正常的变动

案例研究

以下案例中的公司由于操纵报表可能已经遭到指控——但是并不一定被判有罪。这些案例论证了本章节提及的很多概念。值得注意的是,案例中的一些概念与其他章节中的概念相关;完整的案例研究证明了会计操纵的多样性。

RC 商业

背景资料

- RC 商业是中国的一家地下商城开发商,公司在繁华地区的地下防空道内安装家具和设备。尽管出于法律原因(该地下防空设施为城市防御之用),RC 并不具备房地产的所有权,但是其有权将这些资产用于商业运营。

- 公司于2008年10月首次公开发行股票，此次发行的承销商为瑞士银行（UBS）、汇丰银行（HSBC）、摩根士丹利（MS）和中银国际（BOCI）。本次发行价格为每股1.13港元，发行股数为30亿股，当时公司市值达到76.1亿港元。公司股价在2009年2月达到最高值，为每股2.25港元，并在2012年5月达到最低值，为每股0.33港元。2012年6月，公司股票的交易价格为每股0.38港元。

- 在2011财年，RC的收入增长96%，达到22.4亿元人民币，其税前利润达到70.43亿元人民币，相比于2010年增长了90.3%。

- 经营活动产生的现金流为正的10.2亿元人民币，而现金及现金等价物净额为18.8亿元人民币。

- RC发行了两项总面值为9亿美元的债券，首个到期日为2015年5月（面值为3亿美元，利率为11.75%），第二个到期日为2016年3月（面值为6亿美元，利率为13%）。

- RC的审计机构为毕马威会计师事务所（KPMG）。

- 公司主要的股东：

    – Super Brilliant Investment：48.5%。

    – Atantis Investment：6%。

    – Capital International：5.1%。

    – JPMorgan Chase：4.97%。

    – Norges Bank：4.92%。

- Hawken 女士（其中一名非执行董事，同时也是董事长戴某的姐姐）拥有 Shining Hill，并拥有 Super Brilliant，同时持有 RC 48.5% 的股权。

- 董事会成员包括：
  - 戴某（董事长）。
  - Hawken（非执行董事/董事长的姐姐）。
  - 执行董事：

    张某（全资控股 United Magic Ltd.）。

    王某（全资控股 Swift Fast Ltd.）。

    王某（全资控股 Wonder Future Ltd.）。

    王某（全资控股 Wisdom High Ltd.）。
  - 2010 年 2 月 8 日，RC 授予公司的 4 位执行董事每人 8 000 万股的股票认购权，行权价位为每股 1.69 港元。

- 2009 年 3 月，以每股 1.68 港元的价格由中银国际和瑞士银行再次配售 4.5 亿股；2009 年 4 月，摩根士丹利以每股 1.7 港元配售 4 亿股。

- 2009 年 7 月，RC 和控股股东通过定向私募获得 55.8 亿港元。

  6 个独立投资人与瑞士银行签订协议以每股 1.86 港元的价格获得 30 亿股 RC 股票。在当时，其所获得的股票占 RC 在外发行股票数量的 15%。

  除 30 亿股外，控股股东 Hawken 持有 10 亿股，Hawken 曾投资于家族控制的农业批发业务（此业务并不属于上市公司）：中国某农产品物流园有限公司。

依照配售协议，Super Brilliant 有条件地同意以每股 1.86 港元的价格认购 20 亿新股，认购金额大约为 35.8 亿港元，该资金将用于收购潍坊、成都、大连、鞍山一期和大庆这 5 个项目的经营权。

警示信号

- 2010 年和 2011 财年，RC 公布了前 9 个月惨淡的财务数据，之后宣布在第四季度完成了销售目标并有巨额的应收账款。相同状况持续两年。

  除此之外，面对持续升温的市场竞争，RC 高达 70% 的毛利率被认为缺乏持续性（尽管 RC 每平方米的建造成本为 8 400 元人民币）。

  RC 并没有披露买方 CCL 公司的身份，从这一点来看是不正常的，特别是其欠 RC 46 亿港元。而作为买方，CCL 公司并没有在 2010 年的财务数据中提到购买或与此相关的应付项。

- 潍坊项目（潍坊 NRC 公司）的负责人有：
  - Peter 为 NRC 的董事长及总经理，同时也是 CCL 的副总裁及总经理。
  - Kwok 是 NRC 的董事，同时也是 NAL 的董事。NAL 与 CCL 的最大股东 YG 共用同一个办公场所，位于 CCL 香港华润大厦办公室的隔壁。
  - Kowk 和 Peter 也是一家香港公司 FV 的秘书和董事，而这家公司的控制人就是 NRC。
  - CCL 的董事长 Cheung 转而成为 YG 最大的股东。
  - 对于潍坊项目所要支付的 10.9 亿港元，个人购买者缺乏资金实力。尽管 CCL 向其支付报酬（年薪 1 000 万港元），但是 Peter 不可能购买潍坊项目。除此之外，CCL 的董事长 Cheung 对不得不清空所持的 CCL 的股票用以购买潍坊项目的消息予以否认，并且没有申报披露此事。

基于上述情况，在该时点 CCL 成为唯一一个可能收购潍坊项目的公司。

- CCL 的应付账款及 RC 的应收账款数据让人费解：
CCL 2010 年的财务数据中，既没有显示收购也没有应付账款，并且也没有在其资产明细中提及潍坊地下商场。其应付账款均与购买资产无关，并且在应付账款中找不到与 RC 所公布的 10.9 亿港元出售价格相符的金额。
然而，RC 发表声明称已经收到出售项目的款项，但是并没有公布单一项目的具体金额。

- 潍坊项目的应收账款很有可能无法收回，因为作为该项目的认定购买者——CCL——并没有披露其欠 RC 任何款项或对于该项目存在任何应付款项。
如果上述情况属实，那么潍坊项目的应收账款会在未来形成 RC 的坏账，该笔金额占 RC 当前在外负债的 14%。

发生了什么

- 2011 年 3 月，RC 在其年度财务报告中声称通过一系列离岸交易将 5 个项目出售，交易金额达到 46 亿港元。这 5 个项目分别为潍坊、成都、大连、鞍山一期和大庆项目。

- 尽管 RC 采用的不是常规的房地产开发模式，但是股票及债券投资人认为，上述关于出售项目的声明是一个超级利好消息，因为这表明 RC 可以获得一笔巨额现金来进行股利分配及债券支付。

- 由于销售大多是通过卖方融资，所以 RC 确认了巨额应收账款。公司发表声明称其收到了 30% 的预付款（所有 5 个项目的预付款大约为 14 亿港元），其通过维京群岛（BVI）的控股公司将项目销售给买方的维京群岛控股公司。

- RC 从来没有披露 5 个项目的受益购买人的资料。

- 5 个项目的相关声明中显示，RC 出售潍坊项目会获得 10.9 亿港元，并且会先收到 30% 的预付款（3 亿港元）。

- 2011 年 12 月 9 日，《香港经济日报》报道称 Cheung 先生（CCL 的董事长）已经默认为 RC 成都项目的购买人。

- CCL 对此做出了截然不同的回应。CCL 声称不管是 CCL 还是董事长 Cheung 都没有参与 "项目收购"（即成都项目），而董事长 Cheng 并没有收购任何 RC 的商业项目。
  不同之处在于：RC 声称 CCL 和其董事长从来没有购买任何资产，而 CCL 仅称其没有参与成都项目，并且董事长从没有购买过任何 RC 的资产。

- 在 2011 年的财务报告中，CCL 并未披露与潍坊项目有关的任何欠款或支付款项。

- 2011年，RC的销售收入为22亿元人民币，这一结果低于穆迪的预期。其应收账款金额仍旧很高，达到48亿元人民币，尽管维京群岛子公司处置持有项目所获得款项已经收回。

- 快速的现金支出也受到关注，现金余额从2010年的88亿元人民币下降至2011年的22亿元人民币。这是由于回购股票金额为10亿元人民币，无锡项目收购金额为26亿元人民币，建设成本为46亿元人民币，股利分配为15亿元人民币。

- 在公布2011年的财务数据之前，标普将RC的评级从B+下调至BB-，随后穆迪也将其评级从B3下调至B1。

- 2012年2月，Ripley Capital（一家研究机构）发布一份报告指出，RC对于潍坊项目收购的位置存在误导性陈述。
  他们指控RC称该项目位于三块紧邻的地块，可以将三个地块合成一个大型区域分三期进行开发，而实际上三个地块之间的距离都大于1.3公里，以上陈述会对投资者造成误导。
  通过进一步调查发现，潍坊项目的租赁和零售业务并不理想，大量店面都很冷清。现场的商家均反映客流量很低。

- 目前，关于RC对于5个项目存在虚假陈述的问题，香港证券交易所并没有发布官方声明。然而，2013年4月，标普将RC的评级调低至CCC，因为他们认为在未来12个月内，RC获取的现金不太可能满足其现金利息的支付。

重要的教训

- 知道公司产品的购买者究竟是谁，这是很重要的，特别是与应收账款相关的——尤其是当应收账款金额很高的时候（46亿港元）。

RC 2011年财务报表的附注中并没有说明购买者的身份。年报的外部研究（通过调查现有的客户）可能会提供潜在购买者的线索。

- 关于公司治理的审查：

NRC的控制人通过NAL、YG和FV与CCL保持着错综复杂的联系。问题不仅在于Peter是NRC的董事长和CCL的总经理，还包括NRC与CCL的办公地点紧邻。

仍旧需要观察RC究竟是如何从其宣称的购买者那里收回应收账款的。

案例5.2 DG公司

背景资料

- DG是一家在纽约证券交易所上市的中国公司，截至2011年4月，其市值达到13 511万美元。

- 该公司为一家本土水处理设备供应商，其主要产品包括循环水处理设备、水质净化设备和废水处理设备。

- 公司产品所涉及的水处理过程包括水质过滤、水质软化、沉淀物分离、增氧、消毒和反向渗透。

- 2011年4月：Muddy Waters发布了一份关于DG公司的研究报告，

指控其存在财务欺诈。

- 截至 2010 年 5 月 31 日,公司的主要股东包括:

  郭某(董事、董事长及首席执行官):48.6%。

  GEEMF III Holdings MU:9.0%。

- 审计机构:香港致同会计师事务所→BDO 香港。
  - 2010 年 11 月,致同国际与香港成员所剥离,超过 600 名合伙人和专业人员从香港致同会计师事务所转至 BDO。
  - 香港致同会计师事务所失踪的管理合伙人 Gabriel Azedo 被指控从朋友和客户处盗窃 1 210 万美元。该事件使香港致同会计师事务所遭到严重质疑,这可能在某种程度上解释了为何 DG 会出现审计问题。
  - 随着 BDO 与香港致同会计师事务所完成合并,DG 将 BDO 的香港办事处聘为其审计机构。

发生了什么

2011 年 4 月

- Muddy Waters 对 DW 给出强烈卖出的建议,并且预测公司价值低于每股 1 美元。在该时点,DG 的交易价格为每股 5.49 美元。Muddy Waters 所做的相关指控如下:
  1. DGW 报告称其收入为 15 440 万美元,该数据是实际金额的 100 倍还要多,存在明显的高估。而公司的实际年收入预计少于 80 万美元。
     - DW 的工厂位于河北省廊坊市,但看起来却不像工厂。那里几乎没有生产活动，Muddy Waters 在对其进行观察后统计其员工大约为 240 人，而 DW 的 F-1 报表中显示其雇员人数为 813 人，之后公司董事长将人数改为 580 人。

- Muddy Waters 在走访过 DW 的办公室后发现其在北京的总部仅有 4 名员工（还有很多空置的桌子）。相比于 DW 向美国证券交易委员会提交的资料，DW 将大楼中的大部分空间租给其他公司。

2. Muddy Waters 在看过廊坊中天健会计师事务所对 DW 出具的审计报告之后，发现其证实了他们之前的论点，DW 显然是偷换了审计报告用以掩盖其欺诈的事实。

3. DW 的美国审计报告确认了 4 处违规问题，暗示 DW 的审计机构香港致同会计师事务所是草率而不可信的。

    a. 审计机构的粗心在于 DW 对一家公司进行所谓的租金支付，而实际上这家公司早在 2009 年 DW 上市之前，已被 DW 的一家子公司收购了。

    b. 审计机构并没有发现现金流量表中有关资产转移的现金流被错误分类的问题。该现金流被计入经营性现金流而不是投资性现金流。这种做法使得 DW 在上市的前一年即 2008 年的经营性现金流增加了 4 450 万美元。

    c. 在 2008 年的现金流量表中，有一项与董事长郭某有关的借款被偿还，与之相关的现金流被错误分类的问题并没有被审计机构发现。错误分类主要表现为将其计入经营性现金流而不是融资性现金流。该做法使 DW 在上市的前一年即 2008 年的经营性现金流增加了 4 380 万美元。

d. 对于 DW 在年末没有任何在产品的情况，审计机构并没有质疑——Muddy Waters 的制造行业专家认为，如果 DW 真的像其公布的那样实现收入并且呈现同比增长，那么是不可能没有在产品的。

4. DW 称其在 28 个省中拥有 80 家经销商，这一说法并不真实。

5. DW 涉及关联交易，即将资金转移给董事长兼首席执行官郭某，但并未在报告中进行披露。

  - DW 廊坊 2009 年的审计报告显示其将资金秘密转移至一家由首席执行官郭某控制的公司，即 PHY。

  - PHY 是一家独资企业，同时也是一家隐蔽且特别的法人实体，利用它从 DW 抽逃资金再合适不过了。

  - 公司对于 PHY 存在违规的应付账款，董事长郭某为了让相关信息模糊化，在对 PHY 的两项应付账款进行记录时，采用不同的汉字（但是发音却一样）对 PHY 的公司名字进行标注。在 2009 年的审计报告中，PHY 分别被标注成"慧 Y 研究所"和"惠 Y 研究所"。Muddy Waters 对这两家公司进行了调查，发现这两家公司并不存在。这两个名字其实是一家公司，并且控制人为董事长郭某。

  - DW 廊坊 2009 年的审计报告显示应付账款年末余额为 2 620 万美元，较上年上涨了 434% 且远高于其收入。值得注意的是 PHY 的主要业务是印刷，而 DW 的业务与 PHY 实在是风马牛不相及。

- 最重要的是，DW 无法向美国证券交易委员会提供关联交易的资料。
- 尽管 PHY 的权益资本很低，并且其向中国国家工商行政管理总局提供的资料显示并没有收入，但是几年间投资于其他公司的金额合计达到 3 050 万元人民币。
- 其姐妹公司 DYP 也存在很多问题，其中包括解雇审计机构德勤。DYP 的董事长郭某同时也是 DW 的董事长兼首席执行官。

2011 年 5 月

- 由于管理层拒绝提供信息，公司 6 名独立董事中的 4 名宣布辞职。公司设立了一个特殊调查委员会，成员包括贝克·麦坚时律师事务所（Baker&McKenzie）和普华永道。

警示信号

- 发现现金流量表中的错误分类。

- 根据 DW 的收入趋势和同比增长情况，其年末没有在产品是不太可能的。

重要的教训

- 对于审计机构以往涉嫌欺诈的记录应予以警惕。

- 通过走访和重新翻阅其他官方资料来寻找能够支持收入的客观证据。

DW 及其子公司合并资产负债表见表 5-6。

表5-6 DW及其子公司合并资产负债表

项目	2008年12月31日 数据（元人民币）	2009年12月31日 数据（元人民币）	2009年12月31日 数据（美元）
资产			
流动资产：			
现金	198 518 061	918 667 261	134 585 514
应收账款	137 549 786	197 087 701	28 873 511
存货、扣除损失准备金后净值	46 726 339	33 419 900	4 896 043
其他应收账款	46 500	676 376	99 089
其他流动资产	645 376	1 344 702	197 000
存款	9 990 000	5 605 530	821 215
流动资产合计	393 476 062	1 156 801 470	169 472 372
厂房及设备净值	117 681 359	144 755 275	21 206 768
其他资产：			
预付租金	22 481 491	21 957 806	3 216 837
存款——长期	—	44 378 173	6 501 439
递延所得税资产	4 446 899	4 694 347	687 726
其他资产合计	26 928 390	71 030 326	10 406 002
资产合计	538 085 811	1 372 587 071	201 085 142
负债及所有者权益			
流动负债：			
应付票据	20 000 000	20 000 000	2 930 017
应付账款	38 696 788	27 913 596	4 089 365
其他应付账款	24 927 232	19 722 465	2 889 357
应交所得税	10 768 521	15 423 292	2 259 525
流动负债合计	94 392 541	83 059 353	12 168 264
所有者权益：			
普通股面值为0.000033美元：法定股本——1 500 000 000；2008年12月31日及2009年12月31日发行及在外流通股数分别为30 000 000股和43 702 631股	7 295	10 384	1 521

(续)

项目	2008年12月31日数据（元人民币）	2009年12月31日数据（元人民币）	2009年12月31日数据（美元）
实收资本增加	132 455 705	861 292 062	126 180 000
法定盈余	36 413 141	57 319 979	8 397 424
未分类利润	274 817 129	370 905 293	54 337 933
所有者权益合计	443 693 270	1 289 527 718	188 916 878
负债及所有者权益合计	538 085 811	1 372 587 071	201 085 142

DW及其子公司合并现金流量表见表5-7。

表5-7 DW及其子公司合并现金流量表

项目	2007年12月31日数据（元人民币）	2008年12月31日数据（元人民币）	2009年12月31日数据（元人民币）	2009年12月31日数据（美元）
经营活动产生的现金流：				
净利润	82 208 345	133 766 862	116 995 002	17 139 865
减：来自非持续性经营的损失	(179 767)	—	—	—
来自持续性经营的净利润	82 388 112	133 766 862	116 995 002	17 139 865
将来自经营活动的净利润调整为现金流：				
折旧	8 254 977	8 711 905	10 664 776	1 562 399
摊销	245 833	384 756	523 685	76 720
股权支付的补偿费用	—	—	91 256 413	13 369 140
出售资产产生的损失	—	3 215 744	4693	688

第 5 章　发现经营性现金流被高估

（续）

项目	2007年12月31日数据（元人民币）	2008年12月31日数据（元人民币）	2009年12月31日数据（元人民币）	2009年12月31日数据（美元）
资产的（增加）减少：				
应收账款	(4 1102 815)	(5 141 423)	(59 537 915)	(8 722 354)
存货	40 123 010	(24 194 045)	13 306 439	1 949 404
其他应收账款	2 206 304	178 028	(629 876)	(92 277)
关联方应收账款	(58 539 020)	102 010 133	—	—
存款	1 143 085	(9 990 000)	(5 605 530)	(821 215)
其他流动资产	—	(645 376)	(699 326)	(102 452)
递延所得税资产	(101 974)	312 863	(247 448)	(36 251)
其他非流动资产	3 500 000	—	—	—
负债的增加/减少：				
应付账款	11 528 690	19 055 433	(10783192)	(1 579 747)
预收账款	(3 893 249)	—	—	—
递延所得税负债	(742 415)	—	—	—
其他应付账款	(2 069 639)	17 575 474	(5 024 767)	(762 503)
关联方应付账款	622 368	(622 368)	—	—
应付税费	3 088 475	(2 932 116)	4 654 771	681 928
持续性经营活动产生的经营性现金流合计	46 651 742	241 685 870	154 697 725	22 663 345
非持续性经营活动产生的现金流合计	25 417 970	—	—	—
经营活动产生的现金流合计	72 069 712	241 685 870	154 697 725	22 663 345
投资活动产生的现金流：				

（标注：人为地增加30亿元人民币，请参看前文中的 c 项）

(续)

项目	2007年12月31日数据（元人民币）	2008年12月31日数据（元人民币）	2009年12月31日数据（元人民币）	2009年12月31日数据（美元）
购买土地长期使用权的保证金	—	—	(5 320 000)	(779 384)
购买设备的保证金	—	—	(33 823 830)	(4 955 219)
租赁资产的保证金	—	—	(5 234 343)	(766 836)
购置建筑物	(38 941 600)	(6 020 634)	—	—
购置设备和家具	—	(16 200 000)	(27 753 385)	(4 065 219)
用于持续性经营的投资性现金流合计	(38 941 600)	(22 220 634)	(72 131 558)	(10 567 333)
非持续性经营活动产生的现金流合计	1 911 057	—	—	—
投资活动产生的现金流合计	(37 030 543)	(22 220 634)	(72 131 558)	(10 567 333)
融资活动产生的现金流：				
短期票据支付净值	(15 000 000)	(49 000 000)	—	—
首次公开发行过程中的净发行成本	—	—	637 583 033	93 406 442
融资活动产生的现金流合计	(15 000 000)	(49 000 000)	637 583 033	93 406 442
非持续性经营产生的现金净增加	583 524	—	—	—
现金增加	20 622 693	170 465 236	720 149 200	105 502 454
期初现金	7 430 132	28 052 825	198 518 061	29 083 060
期末现金	28 052 825	198 518 061	918 667 261	134 585 514
现金流量表的补充信息：				
该时期内的现金支付：				
所得税	10 612 162	40 449 769	66 863 315	9 795 531
利息	5 759 416	3 117 818	1 218 745	178 547

DW 的组织架构如图 5-1 所示。

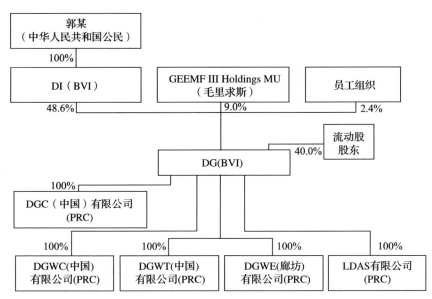

图 5-1 DW 的组织架构

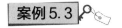 YH 公司

背景资料

- YH 是一家向中国供应焦煤的企业。公司提供的服务包括焦煤加工及公路、铁路的运输。公司总部设在香港,主要经营地位于蒙古。

- 公司在维京群岛注册,是 YH(HK)的控股公司,并持有 Cheer Top (BVI) 100% 的股权。公司还 100% 持有 BW(PRC)和 IMH(PRC)的离岸经营资产。

公司组织架构

- YH 于 2010 年 10 月在香港证券交易所上市。此次首次公开发行的承销商为美林证券、高盛集团和德意志银行。此次上市融资金额为 5.6

亿美元。

- 2011年4月，公司发行以美元计的高收益债券。该债券面值为5亿美元，五年期优先级无担保的收益率为8.5%，并可在2014年4月按面值赎回。

- 公司市值为6.7亿美元，对外负债为5.82亿美元，现金余额为4亿美元。

- 从经营性指标看，公司的经营状况良好，其收入为18亿美元，而息税折旧摊销前利润为2.9亿美元。相关比率看起来也比较合理，EV/EBITDA（企业价值/息税折旧摊销前利润）为3×、负债总额/息税折旧摊销前利润为2×、息税折旧摊销前利润/利息为7.5×。

- YH从离岸银行和国内银行共获得8亿美元贷款信用，其中离岸银行包括华侨银行、中国农业银行、德意志银行、荷兰国际集团、澳新银行、荷兰合作银行。国内银行为光大银行和南京银行。公司所持有的现金中有1/3（1.3亿美元）来自国内银行。

- 董事长王某持有公司48%股份（见图5-2），而Peabody Energy对其公司进行了战略性投资并持有5%的股份。Peabody的Delbert Lobb为公司董事会的成员。

- 审计机构为毕马威会计师事务所。

发生了什么

- 2011年1月19日，Jonestown Research发布了一份研究报告，针对两点指控YH存在欺诈：

第5章 发现经营性现金流被高估

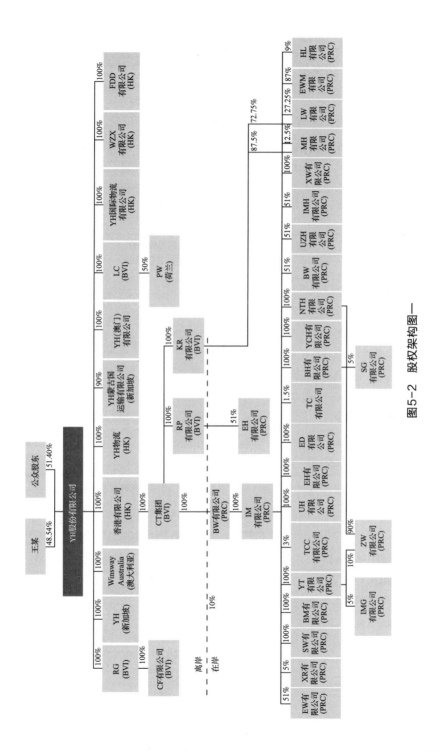

图5-2 股权架构图—

(1) 2011年，其焦煤存货被高估10亿港元。

(2) 与蒙古的焦煤运输公司存在未披露的关联交易。

- Jonestown Research 称通过核查 YH 首次公开发行资料中的资产负债表，对焦煤购买和销售的数据进行调整后，发现存货被高估了，见表5-8。

表5-8 存货计算表

步骤1： 2007年资产负债表期初吨数计算	
	2007年12月31日
A. 原煤期末价值（元人民币）p. I-49	169 040 000
成本（元人民币/吨）p. 223	284
期末原煤存货（吨）	595 211
B. 现金流量表中存货增加（元人民币）p. I-15	143 388 000
成本（元人民币/吨）p. 223	284
焦煤存货的净增加（吨）	504 887
C. 期末焦煤存货（吨）	595 211
-焦煤存货的净增加（吨）	504 887
2007年期初焦煤存货（吨）	90 324

步骤2: 2007年1月1日—2010年6月30日存货吨数调整				
	2007年 12月31日	2008年 12月31日	2009年 12月31日	2010年 6月30日
A. 精煤销售（吨）p. 222	—	657 895	1 796 081	1 551 157
按照75%的选煤率对焦煤原料进行调整	—	877 193	2 394 775	2 068 209
B. 原煤销售（吨）p. 222	539 789	350 260	344 811	697 070
原煤和原煤等价物销售（吨）	539 789	1 227 453	2 739 586	2 765 279
C. 原煤及等价物期初余额（吨）	90 324	515 529	556 066	1 588 116

第 5 章 发现经营性现金流被高估

（续）

－购买原煤（吨）p. 223	964 994	1 267 990	3 771 636	2 366 763
－销售原煤（吨，包括等价物）	539 789	1 227 453	2 739 586	2 765 279
原煤及等价物期末余额（吨）	515 529	556 055	1 588 116	1 189 600
D. 无烟煤期初余额（吨）	—	—	—	428 291
－无烟煤购买（吨）p. 223	—	—	3 361 228	1 995 687
－无烟煤销售（吨）p. 222	—	—	2 932 937	2 007 233
无烟煤期末余额（吨）	—	—	428 291	416 745

步骤 3：资产负债表中期末吨数计算

	2007 年 12 月 31 日	2008 年 12 月 31 日	2009 年 12 月 31 日	2010 年 6 月 30 日
A. 原煤期末价值（元人民币）p. I-49	169 040 000	170 120 000	487 049 000	460 299 000
单位原煤成本（元人民币/吨）P. 223	284	407	401	327
原煤期末余额（吨）	595 211	419 857	1 214 586	1 407 642
B. 精煤期末价值（RMP）p. I-49	—	117 613 000	222 092 000	237 653 000
单位原煤成本（元人民币/吨）p. 223	—	614	631	654
75% 洗煤率的条件下单位原煤成本（元人民币/吨）	—	461	473	491
原煤等价物期末余额（吨）	—	255 403	469 291	484 512
C. 无烟煤期末价值（元人民币）p. I-49	—	—	285 018 000	290 414 000
无烟煤单位成本（元人民币/吨）p. 223	—	—	846	1047
无烟煤期末余额（吨）	—	—	336 901	277 377

- 通过一种简单的方式即宣布将现金用于购置原材料（形成存货），可以令公司在报告更高收入的同时隐藏现金缺口。

- 其他指控包括并未对从蒙古将焦煤运送至中国的运输公司 Moveday 和 SH 之间的关联交易进行披露。SH 以前是 YH 的子公司，IPO 的资料显示其已经被剥离出 YH，成为独立第三方。Jonestown Research 的报告指出 SH 的买家之一孙某在 YH 乌拉特中旗毅腾矿业有限公司（董事长王某直接控股）及 TYH（董事长王某对其间接控股）任职，因此关联交易仍然存在。

- Moveday 的控制人为吴某，其在 YH（澳门）有限公司任职（该公司控制人为董事长王某）。Moveday 经营性子公司的控制人为一家名为 Perfect Crown Pte Ltd. 的新加坡公司，而吴某持有该公司 10% 的股份。

- 2013 年 5 月，Muddy Waters 调低了 YH 的债务评级，在 2013 年 9 月发布流动性紧缺的警告。公司股价下降约 70%，并在 2013 年 10 月提出以面值 1/3 的价格回购债券，并声明期望这样会为持有者提供更好的债务回收率（彭博 2013）。

警示信号

- 公司旗下有多个商业利益点，但仅向公众公布最引人注目的业务，并且将其股权占比保持在 50% 以下（见图 5-3）。管理层与股东之间缺乏利益一致性的事实被插上一面警示旗。

第 5 章 发现经营性现金流被高估

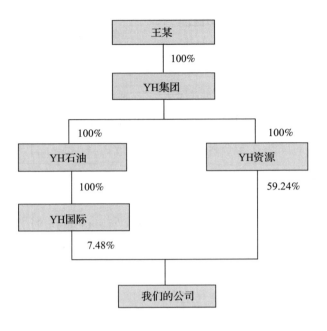

图 5-3 股权架构图二

从图 5-3 中我们看到，王某在石油化工行业还拥有其他利益。

- 关联方交易——Moveday 和 SH 看来都与 YH 存在联系，控制着分销网络，而在这种情况下运输供应商令 YH 能够轻而易举地将现金转移出公司，也不会被审计机构发现。YH 焦煤采购成本中 41% 与 Moveday 有关，并在两年内向其支付了 1.3 亿美元用以将焦煤从蒙古运至中国。此外，不披露这些关联交易对 YH 的公司治理没有好处。

- 经营模式并不清晰。YH 从蒙古的供应商那里购买焦煤，然后将其卖给蒙古的进口代理商，进口代理商再将焦煤运至中国，之后 YH 再从进口代理商处购买焦煤，成为最终的消费者。一系列让人费解的交易并没有在报告中被披露，上述情况被分析人员给予警示标记，认为这种情况很可能属于伪造交易。

重要的教训

- YH 对于 Jonestown 提出的指控予以全盘否认。首席财务官对于存货高估的指控进行反驳称：使用期初和期末的存货余额所计算得出的存货周转时间为 2.5 个月是不准确的。YH 将继续保持与 Moveday 和 SH 之间的关系，即将其作为独立第三方进行公平交易。

- 虽然公司并没有提供确凿的证据用以反驳 Jonestown 的指控。但是也并不意味着其一定存在欺诈。

- 在 2012 年 3 月 26 日，毕马威会计师事务所为其出具了 2011 财年的审计报告。鉴于 Jonestown 报告的发布时间是在审计报告出具之前，所以毕马威会计师事务所的审计工作进行得格外谨慎。另外，公司还在 2011 年宣布支付股利，用以证明现金的真实性。

- YH 与日本一家大宗商品交易商丸红株式会社共同收购了加拿大煤矿企业 Grand Coal，收购金额为 10 亿美元。两家公司设立合资公司，分别持有 60% 和 40% 的权益。由于 YH 无法坚持完成此次交易，导致丸红也不得不终止此次收购。

- 最终，国企 CHAL 从董事长王某手中收购了公司 29.9% 的股份，收购金额为 3.08 亿美元。在其股票出售完成后，董事长将辞职，也不再是公司的主要股东。作为一家国企，CHAL 在成为公司大股东后，会提升公司的信用评级，从而终结一直困扰公司的质疑。

- 虽然公司看起来并不像存在欺诈，但公司的经营缺乏透明性，会对

第 5 章 发现经营性现金流被高估

投资者产生影响。YH 的股价从每股 2.5 港元下跌至每股 1.33 港元，说明其市值减少了 47%，另外，在指控被曝光后，其债券成交量下降 10%（尽管由于 CHAL 收购公司债券出现了反弹）。

- 重点在于公司创始人的一致利益（在本案例中，我们最终发现他对于经营并不感兴趣）。而且经营缺乏透明性，尽管并不是欺诈，但是关联方交易产生的问题还是会对公司的股价和债券价格产生影响。

本章参考资料

Jonestown Research. 2011. Report on Winsway Coking Coal Holdings, January 19.

Muddy Waters Research. 2011. Report on Duoyuan 2010 and 2011.

Ripley Capital. 2012. Report on Renhe Commercial Holdings, February 21.

Winsway Coking Coal Holdings. 2010. Initial Public Offering Prospectus and Annual Report.

Wong, Kelvin. 2013. "Renhe Credit Rating Cut by S&P as Developer May Face Cash Crunch," *Bloomberg*, April 5.

Yun, Michelle, and Rachel Evans. 2013. "Winsway Buys Bach Debt After Investors Agree Sweetened Bond Deal." Bloomberg, October 9.

亚洲财务
黑洞

第6章　评估公司治理和关联方事项

本章将检查薄弱的公司治理对于报告结果的影响。薄弱的公司治理为之前章节提到的财务欺诈提供了机会，这些欺诈行为包括公司管理人或大股东在损害其他股东利益的情况下，通过参与关联交易牟取私利。本章提供了检查列表，用以评估公司治理问题。

当一名投资人同时也是经理人的时候，两者的利益就会一致。公司的所有者应以利润最大化为经营使命，并且不应该参与与该使命相悖的任何交易。在当今大型的上市公司，由于所有权和控制权分离使得利益难以保持一致。投资者为经营提供资金，并通过管理层来运作。投资者无法获得完整的信息，单一投资者无法对管理层进行监管以确保股东的利益受到保护。良好的公司治理可以克服由于所有权和控制权分离所造成的难题。

根据CFA协会的解释：

公司治理是公司对自身进行管理的内部控制系统。其提供了一个框架，对同属于一个组织机构的各方——管理层、董事会、控股股东及少数或非控股股东的权利、程序及义务进行了确定。

公司治理的核心在于监督和平衡。其建立的动因是将公司内部的管理者与外部所有者之间的利益冲突最小化。而公司治理的目的是防止公司的一方剥夺其他一方或多方的现金流和资产。

良好的公司治理包括稳固且独立的董事会、健全的内部和外部审计职能、披露的透明性，可以令管理者以为股东和所有者获得最大利益为首要责任。如果公司治理不够健全，管理层或董事会可能会使用一些手段损害投资者的利益。上述手段包括参与关联交易、个人占用公司资产、剥夺公司资产、超额报酬及做出保护管理层的决定。

董事会治理和独立董事

正如本章所介绍的，良好的公司治理包括稳固且独立的董事会。董事会中大多数成员最好是独立非执行董事。另外，董事会成员不应与公司或其审计机构存在任何商业利益联系。一个独立的董事会能够降低出现不正当关联交易或类似情况的可能性。有趣的是，在我们之前讨论的JH公司的案例中，审计委员会中的两名独立董事成员（审计委员会中有4名成员）是公司审计机构的前合伙人。上述情况被认为是一个红色警报，因为在对公司的经营活动进行监督和审计的过程中，这些"独立"董事可能无法利用其专业知识对公司出现的问题进行质疑。

CFA协会在对香港证券交易所交易的1 184家公司进行研究后发现，其中77%的公司的董事会中至少有1/3是独立董事，而只有9.3%的公司董事会中多数为独立董事。我们建议分析师应该更偏向董事会中的独立董事占比大于50%的公司，在对无法达到这一比例的公司进行分析时，应该更加谨慎。

如果公司的首席执行官同时担任董事长，并且没有独立审计机构、提名委员会及主要由独立非执行董事组成的薪酬委员会，就会形成薄弱的公司治理。

良好公司治理的证据如下：

- 少数股东能够参与提名的过程。
- 正规的董事培训及资格授权。
- 公司董事不会出现以下情况：曾在与公司有业务往来的专业机构任职，或者除了担任董事外与公司存在商业联系。

股东的权利

一家企业的股票是在对其进行投资估值时必须要考虑的因素，但其不足以反映一项投资的价值。并不是所有的股份都享有同等的权益，公众股东所享有的权利是其股票价值的关键。通常情况下，尤其是亚洲的公司，往往不同类型的股票享有的权利也有所不同，相比于其他股份，有些股份的价值受到损害，而有些股东却能够获得比其他股东更多的利益。CFA协会对于评估股东权利做出如下建议：

- 存在不同类型的股份吗？它们之间所享有的权利有何不同？
- 在公司章程中是否列明防范措施用以保护次级股东的权益？
- 公司近期是否会被政府或国企进行私有化？如果发生上述情况，政府目前是否拥有对于管理层和董事会的否决权？除此之外，政府是否会阻止股东获得其所持股份的全部价值？
- 特定级别股东拥有的超级投票权，会在未来需要进行投资时对公司的融资能力造成损害吗？
- 如果股东无法亲自参加股东大会，能否通过委托行使自己的权利,并且能够在举行会议之前有充分的时间阅读和分析相关信息?
- 股东能够匿名投票吗?
- 股东能够将累计投票分配给一个或多个董事会候选人吗?
- 股东是否有权批准可能会改变股东与公司之间关系的公司架构及政策等重大事项?
- 股东可能会在公司的年度会议中提交提案并进行讨论,而管理层对此所做的修改需要获得其批准吗?

连锁董事制度

当公司实行连锁董事制度,管理层或一些股东通过损害其他股东利益来牟取私利的情况就会增加。尤其会导致关联交易(会在下一章进行讨论),而这种情况在亚洲的一些国家是很普遍的(集团和财团)。

在连锁董事制度下,很多企业都交叉持股,这样可以避免被其他企业收购。与公司间交叉持股类似的情况是,A公司的董事或管理层同时也是B公司的董事,而B公司的管理层则同时担任A公司的董事。

如果公司存在连锁董事制度,分析师应该检查公司所有者和董事结构,以对连锁董事制度的情况进行判断,如果真是这样的话,就更应该对该公司持有怀疑态度并进行更深入的尽职调查。

所有者结构越复杂,需要做的调查分析工作就越多。

关联交易

关联交易是指公司与管理层成员、董事会成员、管理层的家庭成员、董事会或另一个受控于关联方的实体（或者存在连锁董事制度）进行的交易。该交易可能是一项经营性交易，并涉及公司的收入或费用，具体操作可能是向关联方销售或购买一项资产，向关联方出租或租入一项资产或计入款项。而这些关联方交易如果与非关联方交易一样按照公平市场原则进行，就需要进行披露从而使投资者可以对其合理性进行判断。分析师应该仔细检查已经披露的关联交易，并对公司进行尽职调查，用以识别未披露的关联交易。

2010年JH公司（该案例在第2章中已经进行过详细讨论）的年度财务报告披露了与Greenheart及JH公司的总经理有关的一系列关联交易。附注中第25项和第26项描述如下：

25. 关联交易

［a］根据双方的服务协议，公司以顾问费的形式向公司的控制人（即总经理）支付工资。

当年顾问费金额为824.2万美元（2009年该金额为756.9万美元），按照签订的协议，该金额以外币进行确认。

［b］另外，在2010年12月31日，与关联方有关的应付顾问费达到763.2万美元（2009年该金额为695.8万美元）。该金额包含在财务报表的应付账款和应计负债中。

[c] 2009年2月6日，公司按照协议从卖方手中收购了Greenheart 5 500万股原始股及大约217.06万美元（大约相当于1 676.31万港元）4%的可转换债券。上述收购金额合计达到2 577.5万美元（大约相当于2.006 31亿港元）。此次交易的卖方之一是公司的一名董事及该董事控制的一家公司，此次涉及的Greenheart原始股和可转换债券的总价值占交易价值总额的5.5%。

[d] 2010年6月，公司收购Greenheart的26.384 69亿股原始股。总金额达到3.3亿美元。其中一个卖方FOL的受益人为公司一名董事，此次交易中这名董事将其持有的5.3%的原始股出售。

[e] 2010年8月17日，Greenheart发行总面值为2 500万美元的2015年Greenheart可转换债券，交易金额为2 475万美元。作为此次债券的主要申购人，一家公司的间接受益人为公司的一名董事。

26. 期后事项

2011年1月7日，公司将在新西兰收购的Mangakahia Forest的辐射松人工林出售给Greenheart，该交易涉及的金额大约为7 100万美元。而该交易的部分收购款为现金交割，另一部分则用Greenheart的股票进行支付。

值得注意的是，通过另一家公司以顾问费的形式向总经理发放薪酬的情况并不常见。在这种情况下，款项一般计为应计项目而并不支付，这一点也暗示了JH出现现金短缺以致无法支付该笔费用。与Greenheart收购相关的其余交易中均涉及JH的一名董事。这可能暗示公司并没有按照公平市场交易原则进行交易，而该董事在牟取私利的同时可能损害了 JH 其他股东的权益。更加有趣的是，多伦多证券交易委员会发现 JH 的董事长和首席执行官所拥有的两家控股公司在 Greenheart 也享有权益，其在此次 JH 收购 Greenheart 的交易中获得了 2 200 万美元的回报。

应用：PD 煤业

PD 是纽约证券交易所的一家上市公司，其遭到一家法务会计机构的指控，称公司董事长为谋私利通过交易剥夺公司资产。他们参与了多种多样的关联交易。根据 2010 年 5 月 7 日签订的贷款协议，公司欠董事长 2.4 亿元人民币（3 640 万美元）。该笔贷款用来增加山西煤矿的注册资本，以达到当地政府对煤矿企业注册资本的要求。董事长故意安排 PD 违约，从而在贷款 6% 的基础利息率之上又额外增加了 5% 的罚息。不论如何，这对董事长个人来说都是有利的。

另外，赵某（董事长的兄弟）拥有山西某煤业公司 75% 的股权，该公司为山西煤矿（PD 90% 的子公司）提供原煤。赵某在 1999 年被任命为山西煤矿的首席运营官并担任洗煤厂的经理，同时在 2005 年 7 月至 2006 年 11 月期间担任 PD 的首席运营官。

董事长赵某控股 RG 集团，另外还拥有 PL 项目中的六个煤矿，而这些煤矿所生产的煤大部分都运送给 PD。董事长赵某可以通过减少煤炭供应达到控制 PD 生产和收入的目的，从而使 PD 无法偿还 PG 的贷款。如果出现上述情况，PG 就可以收购 PD 的资产，最终这些资产将归这两位兄弟所有。

超额报酬

管理层可能会在损害股东利益的基础上为自己牟取私利,具体表现为给自己发放超额报酬,而该报酬远超过根据其业绩表现所确定的报酬水平。即使管理层拥有公司相当数量的股票,上述情况也会发生。举个例子,如果管理层拥有公司30%的股份,但是其获得了100万港元的超额报酬,那么其中70%则来自其他股东。公司应该对薪酬的实际情况进行全面披露,其中包括任何有关奖金或股票期权的特殊条款,以便分析师在与业内领先企业进行对比后,对其薪酬水平进行评估,并发现那些由于薪酬原因导致的操纵财务报告的问题。

个人侵占或挪用公司资产

管理层或其他人可能会占用公司资产或利用公司资产牟取私利。小到将公司的飞机私用、大到侵占包括现金在内的公司资产均属于此类行为。采取关联交易、复杂的持股结构以及复杂的交易结构,从关联方手中以很低的价格剥夺公司资产,是很常见的一种操作手法。对包括现金在内的公司资产进行侵占是剥夺公司资产的一种特殊形式。而侵占的方式是以虚假经营活动作掩护从公司抽逃现金,例如支付营业费用或购买存货或设备。不管怎样,在薄弱的公司治理环境下,这种个人占用和剥夺公司资产的情况更有可能发生。

缺乏透明性

正如我们在之前章节所看到的,财务报表通常无法全面地反映一家公司的经济状况。财务报表附注、新闻报道及其他在交流中所披露的重要信息能够帮助分析师更好地理解财务数据。依赖于公司的透明性及高质量的信息披露,分析师有可能避开会计把戏。然而,低质量的信息披露经常会伴随着会计把戏。如果一家公司不对其主要的交易细节进行披露或对当前经济情况的描述模棱两可,那么分析师在对这家公司进行评估的时候就需要更加小心。

审计机构问题

外部审计机构行使的职能是非常重要的。他们在翻阅包括附注在内的财务报表后,会对报表中所反映的经营及财务状况发表意见。在公司和管理层之间保持独立性对于审计机构是至关重要的。如果它们不具备独立性,那么其所出具的意见则不可信。然而,即使是独立的审计机构也无法保证能够发现所有的问题。所以,仅凭一个无保留意见是不够的——实际上,本书中所提及的案例都有"独立"外部审计机构参与。而其中一些审计机构并没有保持其应有的独立性和客观性。

有些时候,审计机构雇员会受雇进入公司管理层或担任董事。这种情况就会导致审计人员可能会对以前的同事(也可能是主管)进行审计,进而就会导致审计人员的客观性出现问题。与之类似的是,如果同一家审计机构和审计人员对一家公司进行了多年审计，就会导致其对于该公司管理层过分信任从而无法完全保持客观性。分析师应该对上述情况特别注意。

审计机构的轮换制是一种可取的方式，当然分析师也应该对于另一种极端情况多加注意。如果一家公司频繁更换审计机构（比如更换审计机构是由于管理层的意愿或审计机构主动辞职），那么这有可能是出现问题的信号。当审计机构提出辞职或与管理层的意见不相符时，分析师应该对此情况予以特别关注。另外，在关注审计机构对财务数据出具的审计意见的同时，分析师还应该关注其对公司内部控制的看法，因为内部控制薄弱会为会计操纵提供可乘之机。

审计机构的工作应该在审计委员会的监督之下进行，审计委员会在理论上应该全部由独立非执行董事组成，而公司内部审计成员应该向其汇报。

尽管并不常见，但如果一家审计机构很小，以至于没有办法对上市公司进行审计，分析师就应该对这种情况予以警惕。特别是，如果该审计机构在对其他公司的审计中有过失败经历，那么就更应该小心。

应用：CVT

案例的完整资料详见本章结尾。公司最近被指控涉嫌多起财务问题。公司的审计机构 Frazer Frost 是一家小型会计师事务所，由其审计的多家中国公司均爆出财务丑闻（该事务所已经倒闭）。

结语

公司治理是管理层的会计手段能否被发现的关键因素。分析师应该对公司治理水平进行评估，并且，所需要投入的时间和分析水平与公司治理水平成反比关系，即如果公司治理薄弱，分析师将需要进行更加深入的分析和尽职调查，或者避免对该公司进行投资。表6-1提供了一个考察公司治理情况的列表。

表6-1 警示信号列表和分析技术

类别	警示信号和分析技术
董事会治理和独立性	• 检查董事会中的外部成员。公司治理薄弱的董事会中独立非执行董事的比例小于50% • 对于首席执行官同时担任董事长的情况应予以警惕 • 独立董事审计、提名及薪酬委员会主要是由独立董事组成吗？如果不是，则需要进行更深入的尽职调查 • 检查可能存在的连锁董事制度
股东的权利	• 存在不同类型的股份吗？不同类型的股份之间所享有的表决权有何不同？如果存在这种情况，在公司章程中是否列明防范措施用以保护次级股东的权益 • 公司是否近期被政府或国企进行私有化，如果发生上述情况，那么政府目前是否拥有对于管理层和董事会的否决权 • 如果股东无法亲自参加股东大会，能否通过委托行使自己的权利、进行匿名投票、提交问题投票及批准对公司结构和政策进行修改
连锁董事制度	• 存在连锁董事制度吗？如果存在这种情况，就应该展开更加深入的尽职调查及分析工作
关联交易	• 公司与管理层之间存在商业交易吗 • 管理层的家庭成员是否与公司和受控于公司的其他方存在业务关系 • 管理层或附属公司是否向公司和其他关联方借款且金额较大

(续)

超额报酬及个人占用公司资产	• 是否对薪酬及管理层的额外津贴进行了充分清晰的披露，以便与类似公司进行比较用以评估其薪酬水平 • 是否存在充分的内部控制来防止个人占用或剥夺公司资产 • 是否存在过度使用股权激励/股票期权的情况
缺乏透明性	• 公司拒绝进行细节披露或对未来发展的描述模棱两可
审计机构问题	• 审计机构能否保持独立和客观？存在任何会损害他们的客观性的情况吗？审计机构是否足够大，并且拥有足够高的信誉来对上市公司进行审计 • 存在审计机构主动辞职、被公司频繁更换或公司与审计机构无法达成共识的情况吗 • 是否有强大的独立审计委员会及有效的内部控制以减少问题的发生

案例研究

以下案例中的公司由于操纵报表可能已经遭到指控——但并不一定被判有罪。这些案例论证了本章提及的很多概念。值得注意的是，案例中的一些概念与其他章节中的概念相关；然而，完整的案例研究证明了会计操纵的多样性。

CVT 公司

背景资料

- CVT 是一家研发、生产综合性流量管理产品并提供相关市场售后服务的中国公司。公司的阀门广泛用于不同行业，其中包括核电、火电、水电、石油和天然气等。

- 公司成立于2007年，是由两家业内领先的流体运动控制公司ZV和KV合并而成的。CVT拥有6个全资子公司：ZV、KV、TV、YV、CV和SV。

- 2009年至2010年，CVT完成了3次并购：Able Delight、HV和YV。

- 通过并购，CVT已经逐渐占据市场主导地位，其中包括最近收购的YV。尽管此项收购属于增强型并购，但由于YV的产品线过长，原材料成本上升的同时伴随显著低价的产品销售，从而导致更低的盈利。

- 根据最新的资料显示，CVT 2010年第三季度的毛利率为45.4%，而去年同期为49.3%。

- 审计机构：Frazer Forest。

发生了什么

- 2011年1月，Citron Research发布一份研究报告警告投资者，CVT在向美国证券交易委员会提交的8-K报表与其3次并购相关的内容存在错误陈述和未披露事项。

- Able Delight：收购金额为1 500万美元。
  2010年1月12日，CVT声称有意用1 500万美元收购Able Delight的资产，并在数周后通过非公开募集方式募资2 200万美元。该收购交易于2010年2月3日完成。在CVT 2月的8-K报表中显示，此次购买的资产包括价值490万美元的存货及价值1 010万美元的物业、厂房和设备。

2010 年 11 月，CVT 对 8－K 报表进行了修改，首次披露 Able Delight 是 WTS 的子公司。WTS 向美国证券交易委员会提交的 10－Q 报表和 10－K 报表中显示，因为 2009 年 Able Delight 在一项国外腐败行为调查中损失了 530 万美元，WTS 已让 Able Delight 停工。

然而，CVT 对 2010 年的预测显示 Able Delight 将会为其贡献 2 050 万美元的收入（是 WTS 之前年度收入的两倍）及 500 万美元的净利润。

修改后的 11 月 8－K 报表显示，关于 Able Delight 的"资产"公司仅向 WTS 支付了 610 万美元（WTS 的资料中显示收到了 500 万美元），另外，以借款形式额外向 Able Delight 的股东卢某支付 890 万美元。卢某与李某（拥有 CVT 34% 的股份，是 CVT 的董事长方某的表兄弟）共用一个居住地址，并且共同拥有一栋房产。

- HV：

关于 CVT 对 HV 的收购，我们在 2010 年 4 月 9 日的 8－K 报表中同样发现了不同之处。

8－K 报表中的"资产转让协议"中包含以下 4 个部分：

A. HTFE（CVT 的子公司）。

B. SPHV（被收购的公司）。

C. SHV（由 B 项中的公司控股）。

D. HHI（由 B 项中的公司控股）。

CVT 在 8－K 报表中做出如下陈述：上述 C 项和 D 项中的两家公司是由 SPHV 控股，而该公司并非 CVT 的关联方。

然而，在收购之前 Citron 已经找到证明文件来证实 CVT 在 C 项中公司持有股权。这意味着对 HV 的收购实际上是一项关联交易。

此外，CVT 声称该交易是一项"资产出售"。C 项中的公司和 D 项的公司所拥有的有形和无形资产（包括但不限于土地、建筑物、设备及知识产权）没有附带任何保证、抵押、留置权或任何第三方声明。C 项和 D 项中的公司将对其发表的任何声明中所涉及的不准确陈述负全部责任。这些也包含在禁止商业竞争的条款中。

实际上，CVT 并不只是收购了资产，而是收购了整个公司（其中包括了未披露的负债）。

- YV：并购金额为 730 万美元。

  甚至在双方确定最终交易价格之前，CVT 就已经支付了 600 万美元。根据 CVT 向 YV 支付的收购价格所计算出的市盈率很低，为 2.2。

  从 CVT 自己的资料及在之前 3 次收购中所披露的信息中可知，公司声称年收入为 9 400 万美元，而并购后的综合毛利率将达到 43.4%——这太乐观了！

  2009 年股票的交易价格为每股 16 美元，而之后从 2010 年的每股 10 美元跌至 2013 年的每股 1 美元以下。

警示信号

- 在最近一项由 Piper Jaffrey China Investment 进行的研究中，CVT 的公司治理评分很低（在 70 家公司中排名第 63 位）。

- 公司的首席财务官有从政经历。

- 公司的审计机构 Frazer Forest 是一家小型的会计师事务所，由其审计的一些中国公司均发生了财务丑闻（该事务所已经倒闭）。

- 下面所列示的几个问题，公司似乎无法给出合理的解释：
  - CVT 的毛利润"高得太假"，因为其达到了商品行业中最高水平，但是其并没有在创新方面进行投资（其 2010 年的研究与开发预算为 15 万美元左右）。
  - 与比其规模大 100 倍的艾默生相比，公司称其营业利润率是艾默生的两倍。
  - 他们能够以 2.2 倍的超低市盈率收购竞争对手（YV）。

重要的教训

- 在 CVT 的案例中，公司管理层在一开始就对收入做出了极端乐观的预测，导致股价虚高。然后，他们就进行非公开融资，再通过关联交易，即之前列示的并购将公司的资金抽干。

- 当管理层做出收入预测的时候，投资者不应该轻易相信管理层的话。重要的是要对收入预测的真实性保持独立的判断。

- 对主要交易涉及的各方背景进行调查，并找出那些未被披露的关联方，也是很重要的一项工作。

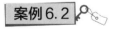

案例 6.2　PD 煤业

背景资料

- PD 煤业是中国的煤矿公司（纳斯达克的上市公司），其主要业务是向山西省内的钢铁企业提供优质精煤。PD 所处行业的经营特点是高产量低利润。

- 公司在英国维京群岛注册,并在 2005 年 7 月通过反向收购在纳斯达克上市。公司在 2010 年进行过两次公开发行:在 2010 年 2 月以每股 4.75 美元的价格发行 328 万股(净融资额约为 1 450 万美元),并在 2010 年 12 月以每股 12 美元的价格发行 900 万股(净融资额约为 10 150 万美元)。由 Macquarie Captial 和 Brean Murray 承销。

- 公司的主要收入来源于 SPD,公司间接拥有其 90% 的股份。经营业务可划分两部分:选煤和煤矿开采。

- 公司股价最高达到每股 16.47 美元,市值最高达到 49 410 万美元,同时负债和现金分别为 3 770 万美元和 15 620 万美元。

- 基于资产负债表和利润表,PD 看起来是具备盈利能力的,并且是一家运行良好的公司。
  2010 年公司现金为 15 610 万美元,而 2009 年的现金为 1 990 万美元。2009 年的负债为 650 万美元,而与之相比,由于长期负债出现下降,以致 2010 年的负债总额降至 520 万美元。可以看到 2010 年的净收入从 2.14 亿美元增加至 3.24 亿美元,增长了 52%。在收入成本比保持不变的情况下,2010 年的毛利润达到了 4 110 万美元,增长了 127%。

- PD 的审计机构是 Moore Stephens。

- 公司的主要股东:
  - 赵某(董事长):25.3%。
  - 赵某(董事长的兄弟):6.34%。

- Lawrence（前董事会成员）：0.04%。
- Tang（前董事会成员）：0.04%。
- 倪某（前董事会成员）：0.04%。

发生了什么

- 2011 年 4 月，研究机构 GeoInvesting 和 Alfred Little 公开了有关 PD 可能进行财务欺诈的相关发现。

  美国证券交易委员会开始对此展开调查，并在 2012 年 2 月 22 日发表声明，称就以下方面对董事长赵某和首席执行官朱某提出指控：
  - 欺骗投资者，让他们相信其在中国投资煤矿开采，但实际上那只是一家壳公司。
  - PD 将其持有的 SPD 90% 的股份转让给董事长赵某，之后将其中 49% 的股份卖给 CITIC Trust，但公司并未披露上述交易的相关信息。
  - 赵某和朱某伪造了一份来自 CITIC 的许可证。

事件发展的时间轴：

- 2009 年 9 月：董事长赵某将 PD 持有的 SPD 90% 的股份转移给自己，而这一做法并未通知股东，也没有获得股东的批准。

- 2010 年 7 月：赵某将"他的"权益，即 SPD 49% 的股份转让给 CITIC。CITIC 将这 49% 的股份置于 CITIC Trust，然后又转让给中国投资者。

  赵某将 SPD 剩余的 51% 股份也抵押给 CITIC Trust，并获得贷款 35 亿元人民币（5.16 亿美元）。之后，赵某用这笔贷款购买了 CITIC

Trust 价值 12 亿美元的优先股。

这样一来，PD 就成为没有持续性经营活动的壳公司。

- 2011 年：美国证券交易委员会展开调查。董事长赵某和首席执行官朱某继续欺骗投资者。朱某伪造了来自 CITIC 的许可证，谎称并未向 SPD 进行贷款，并且否认其在 PD 拥有任何权益或拥有 SPD 的资产。首席执行官的法律顾问 Shearman & Sterling 向美国证券交易委员会调查人员和 PD 的审计委员会提供了伪造的许可证。PD 向美国证券交易委员会提交的一份文件对这份伪造的许可证进行了披露，并在 PD 资产的所有权问题上进一步误导股东，首席执行官朱某在承认伪造的事实后提出辞职。2011 年 9 月，赵某的法律顾问 Shearman & Sterling 提出辞职。投行 Brean Murray 和 Macquarie Capital 承销了 PD 的二次股票发行，目标价格为每股 21 美元，但最终终止了这次发行，其解释为"公司治理缺乏透明性"。

- 2011 年 5 月：董事长赵某提议其有意收购 PD 在外发行的剩余股票，但他没有充足的资金以每股 12 美元的价格完成收购，这说明其将通过融资来完成。该提议为非约束性要约且属于初步提案，并没有公布关于融资的信息、时间表或任何明确的事项。然而，最终也没有关于融资的信息公布，有关潜在收购提案的传闻也逐渐消散。

- 2011 年 8 月：PD 从纳斯达克退市，并于 2011 年 9 月在场外交易市场进行交易。2011 年 9 月 28 日，PD 的首席财务官辞职，至此，无论是首席执行官朱某还是首席财务官均已被撤换。

- 2012年2月：美国证券交易委员会向PD的董事长和前任首席执行官提出指控，控告他们共同将PD持有的SPD的控制权秘密转移给董事长赵某，并且未在财务报表中向投资者进行披露。美国证券交易委员会还进一步解释称，为了收购SPD，PD通过两次公开发行（2010年2月和2010年12月）进行融资，但未对此交易做出正确恰当的表述，具体表现为对于自2009年起PD已经不再拥有SPD权益的事实并未进行披露。

- 2012年3月：董事会成员——Lawrence、Tang、倪某——从董事会辞职，而他们全部供职于PD。

- 2012年4月：PD发表声明称董事会一致同意审计委员会所做出的决定，即对于指控所涉及的未获授权交易进行全面调查。审计委员会在美国和中国雇用专业人士协助PD进行调查。整个董事会包括董事长赵某均同意配合调查。

- 进展：调查仍处于准备阶段，现有的证据表明董事长赵某的股份转让与PD公开披露的情况不符。赵某已经同意自愿休假，直到调查完成。

- 目前，PD在美国场外交易市场的交易价格为每股0.1美元，市值为300万美元。

警示信号

- 投资活动产生的现金流。2010年8月，SPD与董事长赵某及一个非关联方高某签订了一份联合投资协议。他们同SPD一起收购位于平陆县的 6 个煤矿的资产及采矿权，收购金额为 5 340 万美元。
该项收购所需要的资金大部分来自于银行贷款及 RG，该公司由董事长赵某和他的兄弟全资控股。

- 关联交易。PD 欠董事长赵某 2.4 亿元人民币（3 640 万美元），按季度付息，到期日为 2010 年 5 月 7 日。该笔贷款被用于增加 SPD 的注册资本，以满足山西省对煤矿企业注册资本的要求。

  董事长赵某可以令 PD 在 2010 年 5 月 7 日到期日无法偿还贷款，如果发生这种情况，他就会在正常贷款利率 6% 的基础上获得 5% 的额外罚息。这就为公司和他创造了双赢的结果。

  另外，赵某（董事长的兄弟）拥有 SLC 75% 的股权，而该公司为 SPD（PD 的子公司，PD 持有其 90% 的股权）提供原煤。赵某为 SPD 的首席运营官，曾在 1999 年担任洗矿厂的经理，并在 2005 年 7 月至 2006 年 11 月担任 PD 的首席运营官。

- 利益冲突。董事长赵某为 RG 的控制人，另外还拥有平陆项目的 6 个煤矿。而这些煤矿的原煤主要提供给 PD。

  赵某可以通过限制 PD 的原煤供应量影响 PD 的产量及收入，也可以令 PD 无法向 RG 偿还贷款。如果真的发生上述情况，RG 就可以收购 PD 的资产——最终使这对兄弟拥有这些资产。

- SPD 支付的股利，是由董事长和他的兄弟获得而不是由 PD 的股东获得的。在 PD 2010 年的年报中提到，2005 年 SPD（PD 持有其 90% 的股份）公布对董事长（80%）和其兄弟（20%）的应付股利为 172 万美元。2008 年 9 月，SPD 公布向股东分配股利 800 万元人民币

(117万美元),但截至 2010 年年报的报表日即 2010 年 12 月 31 日,该股利仍未分配。随后在 2009 年和 2010 年均未宣布股利分配,PD 解释称董事会在可预见的未来想要继续遵循未分配利润策略,并不会进行任何股利分配。

- 审计机构辞职。2011 年 7 月,审计机构 Moore Stephens Hong Kong 提出辞职。其辞职的原因为 PD 2009 年和 2010 年所发布的审计报告不可信。Moore Stephens 称 PD 审计报告中所进行的陈述与董事长赵某所进行的股权转让事实"严重不符"。

- 公开发布非约束性潜在收购。在投资者和美国证券交易委员会的监督之下,董事长赵某宣布了一项非约束性要约收购。这一举动会令投资者认为公司当前的股价是有价值的,在其找到一个投资人进行收购之前买入公司股票可以获得额外收益。这种情况和 HT 公司很相似,尽管这一案例中 PD 最终并没能找到合适的投资人。

- 公司结构性矛盾。PD 采用的是离岸注册公司的方式,这是在美国上市的中国公司普遍采用的方式。PD 控股的 PDB(BVI),是一家在英属维京群岛注册并从事国际业务的公司。在被指控违规之前(稍后会提到),PDB 对 SPT 实施控股,而该公司是基于中国法律设立的。PD 的主要经营均是通过 SPD 进行,SPT 持有其 90% 的股份,董事长持有 8%,其兄弟持有 2%。PD 通过 SPT(Putai)间接控制煤矿的经营(SPD),该公司间接持有 SPD 90% 的股权。在 2011 年 3 月 16 提交的 10-K 报表中,PD 声称公司结构未发生重大调整。

重要的教训

- 协调管理层与股东之间的利益是非常重要的。董事长赵某认为其在中国的经营和法律风险高于 PD 的股东,这使他和他的兄弟比其他股东更精明。董事长赵某持有 RG 集团 100% 的股份,但仅持有 PD 25.3% 的股份;这样的持股安排使他能够将利益从 PD 输送至 RG,从而牟取私利。

- 密切监督公司治理是非常重要的。在股东不知情的情况下,董事长赵某和首席执行官朱某伪造文件且秘密将股份转让给 CITIC Trust。通过了解 3 个人(董事长赵某、首席执行官朱某和董事长的兄弟)的背景资料、历史信息及设立 PD 之前他们之间的内部关系,就可以窥见其公司治理水平。

- 山西省政府指定由 SPD 合并平陆县的 9 个电煤煤矿,并控制 5 个大型煤矿的经营。通过探询这些交易中所牵涉的人,就能窥见 PD 是如何获得管理权优势的,以及这些交易背后的真实动机。

案例 6.3 SE 科技公司

背景资料

- SE 科技公司位于福建,主要从事工业废气处理及工业和城市废水处理。

- 公司于 2006 年 4 月 28 日在新加坡主板上市。Genesis Capital Pte. Ltd. 负责 SE 科技的首次公开发行,与此同时,SBI E2 – Capital Asia

Securities Pte. Ltd. 是此次发售的联合负责人、承销商及配售代理人。

- 2009年3月,董事长及首席执行官孙某涉及一项1.2亿新元的贷款违约,而在这之前,截至2008年12月31日,公司市值达到18 470万新元。

- 2008年12月31日,现金占总资产的44.4%(14 710万新元)。净债务/所有者权益为-0.13。收入为15 680万新元,较上年增长67.3%。然而,相比于2007年3 460万新元的净利润,2008年公司出现了910万新元的净亏损。产生上述巨大差异的原因是公司的权益交换契约及嵌入式金融衍生产品的公允价值出现损失。

- 截至2009年3月16日,公司的主要股东:
  - 董事长兼首席执行官孙某:51.23%。
  - DnB NOR Asset Management(Asia)Ltd:5.53%。

- 审计机构:普华永道会计师事务所。

发生了什么

2007年

- Stark Investment 是一家全球性的另类投资公司,其向 Thumb(中国)控股(以下简称TCH)提供1.2亿新元的资金,而该公司是一家私人公司,由 SE 董事长兼首席执行官孙某全资控股。TCH 也是 SE 的控股股东,其持有 SE 56.29% 的股份。孙某以其个人持有的 SE 56.29%股份(19 080万股)作为抵押,获得1.2亿新元的贷款。而该项股权抵押并未在2007年的财报中被披露。尽管在贷款到期日前，SE已经偿还了5 500万新元，但是截至2009年2月16日到期日，仍有6 500万新元的贷款未偿还。由于全球金融危机，SE无法获得足够的现金用于偿还Stark的贷款。此外，SE不同意Stark所提出的有关提供额外抵押的要求，双方谈判以失败告终。

- Stark Invetment是位于威斯康星州的一家对冲基金，由Brian Stark和Mike Roth于1992年创立。2007年，该公司在机构投资的对冲基金100强中排名第31位。截至2008年1月，其管理的资产达到144.3亿美元。

2009年3月

- 孙某向Stark借入的1.2亿新元无法偿还，为获得该贷款其已将个人持有的SE的全部股份（56.29%的股份）进行了抵押。

- Stark强制执行股息分配并强迫将个人持有的SE全部股票在公开市场出售。孙某失去了对SE的控制权，导致公司所发行的1.49亿新元的可转换债券出现违约。

2009年5月

- 董事会聘请NTan Corporate Advisory为独立顾问，对2009年3月所发生的事件进行了综合调查。

- 普华永道对公司的现金交易进行了专项审计。

- 执行董事出现大规模辞职现象，但是最后又都恢复了职位。

2009年9月

- 公司股票于2009年9月24日被新加坡证券交易所暂停交易。

2009 年 10 月

- 交易风险：普华永道在进行专项审计时发现，SE 所进行的 8 500 万新元的交易并未获得董事会的批准和授权。通过进一步调查发现，尽管公司签署了购买协议，但是既没有出现原材料或设备的实际交割，也没有在其所称的投资项目上开展任何工作。

  - SE 的一家附属公司 CEE 向日本的一家公司 JGC 支付了 1 400 万新元，用以购买原材料，但是 JGC 却宣称并没有这项交易。
  - SE 的一家附属公司 FDE 投资了 4 个污水处理厂项目，投资金额为 5 000 万新元。尽管一些建筑工程在 4 月或 5 月已经完成，但是在 8 月仍没有开展任何生产活动。
  - 附属公司 TF 为厂房购买设备并发生了 1 000 万新元的安装支出。
  - 另外一家子公司 FWE 向两个非关联方提供了总额为 1 100 万新元的无息贷款。

  相关发现已经被提交给新加坡和中国，独立董事会要求财务总监梁某协助管理当局进行调查。

2009 年 11 月

- 在未获得董事会批准的情况下，梁某于 2009 年 11 月 10 日不再为公司工作。

- 孙某声称公司在银行的现金为 4 000 万新元。然而，其执行董事对此进行了如下澄清，据估算在厦门银行的公司账户中包含交易性资产和其他应收账款的现金储备合计仅有 1 400 万新元。

2010 年 1 月

- 福州市公安局发表声明称,并没有找到相关证据来证明孙某贪污了公款,因此并未对其立案。

- 孙某辞去 SE 董事长一职,连同公司董事会也一起提出辞呈。

2010 年 3 月

- 福州工厂的主要管理工作由代理总经理田某负责,此人为 FTE 的法人,而该公司是 SE 的子公司,其承诺会恢复 SE 的生产经营,并通过申购新股换取至少 20% 的股份。

2011 年 9 月

- 中航国际投资是中航国际集团的一家旗舰管理公司。该公司与 SE 一同通过反向收购 SE 于 2011 年 9 月 12 日以龙筹股身份上市。

警示信号

- 协调董事长与公司间的利益关系。
  - 董事长兼首席执行官孙某持有 TCH 100% 的股份,但仅持有 SE 56.29% 的股份。这就使他在做出经营决策的时候会基于自身的利益而不是 SE 的利益,特别是在其将持有的 SE 全部股份作为抵押从 Stark 获取 1.2 亿新元的个人贷款之后。这项股权抵押并未在公司 2007 年的财务报告中被披露,该行为由于缺乏透明性被视为一个红色警报。
  - 在孙某无法偿还个人贷款后,Stark 可以获得孙某所持有的 SE 的全部股票并于 2009 年 2 月将其在公开市场进行出售。然而,Stark 想要得到的并不仅限于此,其企图在获得孙某所拥有的价值 100 亿元人民币（20.2亿新元）的房地产开发公司 CQD 的股份之后，再利用各种手段将 CQD 的股权转让给一家外部公司并从中获利，以此作为之前交易的额外补偿。但这一计划遭到 CQD 的控制人（即孙某姐夫）的阻止。而孙某也表示不想再向 Stark 提供额外的抵押。

- 相比于获得 CQD 的股权，孙某轻易允许 Stark 获得其在 SE 的股权，则暗示孙某的资产很有可能已经转移至其他控股公司。

重要的教训

- 缺乏透明性：SE 的年报中并没有对孙某用 56.29% 的股份为 1.2 亿新元的个人贷款进行抵押的事实进行任何披露。

- 协调执行董事与股东之间的利益冲突。利益冲突具体表现为孙某的资产并没有与 SE 进行绑定，而是和其自己的其他公司绑定在一起。相比于新加坡的业务，公司的其他董事似乎对于中国境内子公司的业务更加尽心。在 2009 年 5 月，当他们暂时辞去 SE 的董事会职务后，仍旧继续控制和经营中国境内的子公司。

- 对于寻求龙筹股身份调整的质疑。根据调查结果，福州市公安局称并未发现实质证据来证明公司董事长孙某贪污了公款。而该项指控是由普华永道提出的，除此之外普华永道还强调对于公司寻求龙筹股身份调整的行为表示质疑。

本章注释

The Corporate Governance of Listed Companies: A Manual for Investors, 2nd ed. (Charlottesville, VA: CFA Institute, 2009), 29–35.

本章参考资料

Bord Governace—How Independent Are Boards in Hong Kong Main Board Companies? 2012. Charlottesville, VA: CFA Institute.

Citron Research. 2012. "China Valve Technology—Destined to Get Delisted," June.

The Corporate Governance of Listed Companies: A Manual for Investors, 2nd ed. 2009. Charlottesville, VA: CFA Institute.

Geoinvesting LLC. 2011. Business Analysis Report on PUDA Coal, April 8.

Independent Non-Executive Directors: A Search for True Independence in Asia. 2010. Charlottesville, VA: CFA Institute.

Inter-Corporate Network Dealings and Minority Shareholder Protection—Cases in Japan. 2010. Charlottesville, VA: CFA Institute.

PUDA Coal Annual Reports, 2009 and 2010.

Related-Party Transactions: Cautionary Tales for Investors in Asia. 2009. Charlottesville, VA: CFA Institute.

SEC complaint dated February 2012. *Securities and Exchange Commission vs. Ming Zhao and Lipin Zhu.*

Shareowner Rights Across the Markets: A Manual for Investors. 2009. Charlottesville, VA: CFA Institute.

亚洲财务
黑洞

第 7 章　总结和指引

本章将之前章节所提及的概念进行了总结,并且将评估亚洲公司财务报表时所用到的分析技巧和警示信号进行了汇总。

在资本市场长久的发展历程中，会计丑闻一直伴随左右。无论何时，当所有权和管理权分离——负责公司运营和为公司提供经营所需资金的并不是同一人——就为管理者提供了机会去隐瞒公司真实的经济状况及未来的发展情况。有时，会计丑闻始于管理者的无奈。或许是在遇到经营困难时，为了避免违反一项负债的限制性条款，管理层会对财务数据进行调整，并试图在后续年度对其进行回调。然而，如果后续年度的经济环境不允许这样做，那么公司可能不得不做出更大的调整以继续掩盖之前会计操纵的痕迹，最终就会产生雪球效应，使得会计操纵的问题越来越严重。在另外一些情况下，管理者可能会有意进行会计操纵，比如为了薪酬使财务报表数据看起来比实际情况更好。在更加极端的情况下，管理者可能会采用欺诈手段，尽可能地从公司和其他股东手里谋取利益。

一些会计丑闻已经闻名于世，如 Ivar Kruger 的欺诈案、称为 Swedish Match King 或发生在意大利的帕玛拉特或美国的世通。最近这几年，似乎越来越多的丑闻出自亚太地区。这并不稀奇，因为这些地区的资本市场正处于发展的初期或刚刚向全球投资者开放。随着越来越多的投资者寻求在这些地区进行投资，其他资本市场上出现的投机和投资机会也同样存在于这些地区。进一步来说，正如我们所介绍的，处在这些新兴市场中的公司还未建立起强大的公司治理制度。对于所有资本市场中的公司,投资人都应该谨慎地评估其使用会计把戏的可能性,特别是对于新兴市场中那些规章制度及公司治理还有待完善的公司,更应该格外注意。

在之前的章节中,我们提出了一个会计框架和警示信号列表用以发现各种不同类型的会计把戏。在本章中,我们将这些指标汇总在一起,并与不同类型的会计操纵进行对应。

这些汇总结果为评估工作提供了相关指引,在考虑对一家公司进行投资的时候,帮分析师弄清楚究竟应该如何对其进行评估。除了提供上述警示信号的检查列表及分析技巧以外,我们还额外列举了一些来自亚太地区的真实案例,这种理论和案例相结合的学习方式将有助于对相关知识点的理解。

总结

之前章节也介绍过,在评估一家公司的财务报表是否恰当反映了真实经济状况时,定性及定量因素都应予以考虑。定量因素与财务报表之间的钩稽关系有关。而定性因素则包括公司治理及相关的问题,这些因素可以揭示公司是否缺乏控制和监督,使得管理层和个别股东有可能在损害其他股东利益的情况下牟取私利。

财务报表之间的钩稽关系显示了3张主要报表即利润表、资产负债表及现金流量表是如何联系在一起的,如图7-1所示。

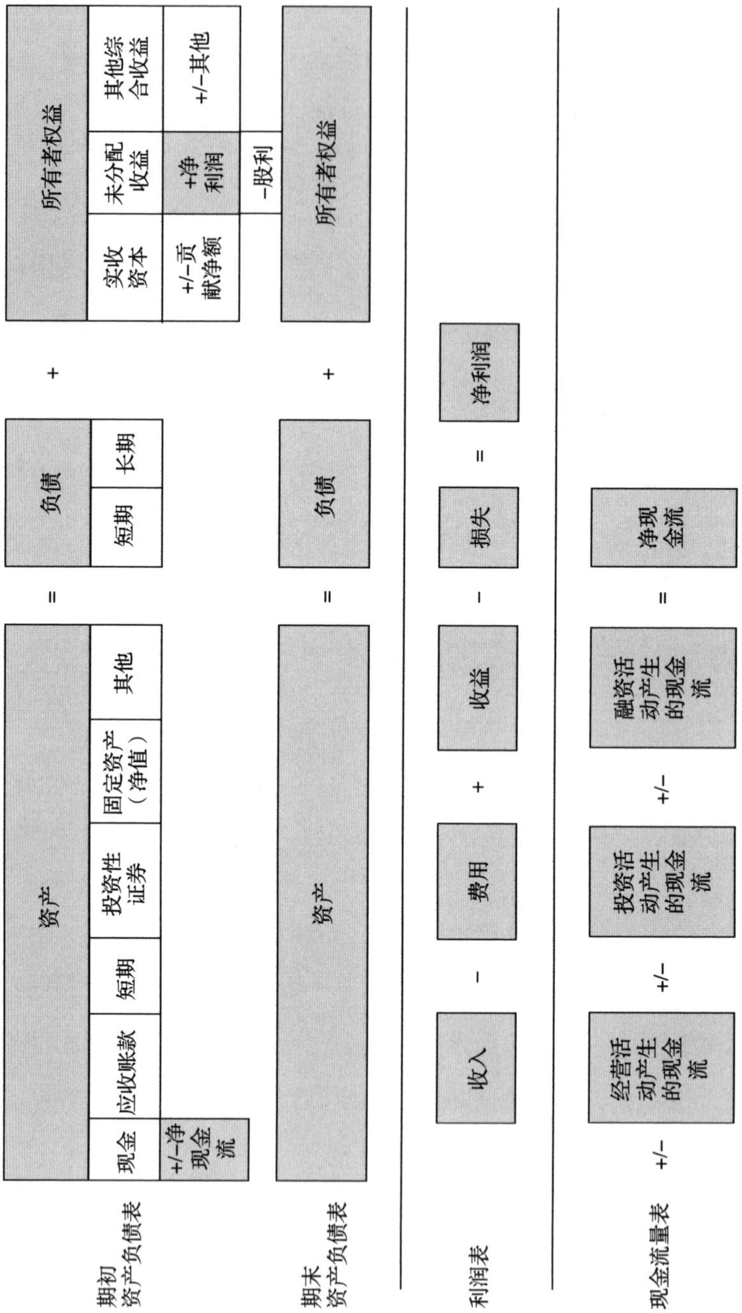

图7-1 财务报表之间的钩稽关系

如果管理层对一张报表进行操纵，那么可能至少会对剩余报表中的一张产生影响。建议分析师在进行分析的时候不要仅将目光集中在一张报表上，应该将3张报表结合起来进行研究，用以寻找不平衡的问题或红色警报。

资产负债表是主要的财务报表，与其他两张主要的财务报表（利润表和现金流量表）均存在联系。利润表中的净利润最终将反映在资产负债表的未分配利润中。为了满足资产负债表的平衡，净利润出现任何金额的增加都会导致一项资产的增加和一项负债的减少或所有者权益中其他项目的减少。因此，如果管理者想要操纵净利润，那么他们必须也要对资产负债表进行人为调整，而在此过程中分析师就会发现警示信号。与此相同的是，现金流量表的数据最后会计入资产负债表中的现金余额中。任何高估现金的操作将会导致资产负债表中现金余额的高估。虽然审计人员应当能够发现现金被高估的情况，但是在近年来亚太地区发生的很多案例中，这些人为操纵的情况却都没有被审计人员发现。不过这些资产负债表中的泡沫终究会破裂——会计把戏没法永远玩下去。

还有一些对财务数据的操纵并不会影响资产负债表。公司可能会对利润表或现金流量表中的类别进行操纵，但是并不会高估表中的底行项目。举个例子，他们可能会高估经营性收益，但是净利润不会被高估，或者高估经营性现金流，但是净现金流不会被高估。

最常见的会计操纵会对财务报表产生如下影响：

- 高估收益或对利润表中的组成部分进行错误分类。
- 夸大财务业绩。

- 利润操纵。
- 高估经营性现金流。

这里有两个主要方式可以对利润表中的收益进行高估,即激进确认收入或低估费用。激进确认收入包括过早地确认收入、将可能无法获得的收入进行确认、在极端的案例中通过虚假销售确认收入。低估费用包括确认的费用比实际发生的要少或将当期费用递延至以后年度进行确认。公司可能会将经营性费用在利润表中的非经营性部分进行确认（例如,一项"非经常性"或特殊的费用）,从而达到高估经营性收益的目的,或是将非经营性收益在利润表中的经营性部分进行确认（例如,将出售资产获得的收益计入经营性收益）。而上述两种方式并不会造成对净利润的高估。

公司还可以采用很多方法来夸大财务业绩。最简单的方法就是将相等金额的资产和负债置于表外以保持资产负债表的平衡。这样做会令负债被低估及资产收益率被高估。此外,公司也可能通过表外融资或隐藏亏损的方式隐藏真实的负债情况。公司也可能通过商品储备等类似账户使资产价值被高估。而上述情况都会反映在资产负债表或财务报表附注中。

有时公司管理层会有意对收益的变动和趋势进行管理。为了达到操纵目的,他们一定会通过应计或递延科目进行操作,而该类科目包括坏账准备、待确认收益、递延所得税、或有事项或准备金。这类操作并不像之前提及的会计把戏那样极端激进,所以通常很难被发现。

最常见的现金流操纵是对经营性现金流（并不是投资性或融资性的现金流）的高估。公司可以通过一项"真实"的经营活动,如加速回收现金或延迟现金支付,达到短期增加现金流的目的。公司也可以人为地对经营性现金流进行高估,如将一项借款(一项融资性现金流)计为经营性现金流或将一项经营性支出计为资本性支出(一项投资性现金流)。

表7-1展示了一个警示信号和分析技术的汇总清单。分析师可以使用它来对财务报表中可能隐藏的会计把戏进行检查。

表7-1 警示信号和分析技术清单

	高估收益或对利润表的项目进行错误分类
激进确认收入	• 审核附注中的收入确认原则,并与同类公司进行对比 • 来自客户的应收账款比收入增长得更快吗 • 经营性现金流明显低于会计利润吗 • 年末会出现更大的收入确认吗
低估或递延确认费用	• 公司的折旧/摊销期限是否比同类企业长 • 在资产负债表中,有没有将递延费用计入资产项目(递延所得税以外的其他资产项) • 存在任何非常规性资产吗?或者存货,特别是与收入相关的资产项出现了无法解释的大幅度增长吗
非经营性收益的划分	• 是否将"收益"并入收入 • 公司的经营业务描述合乎情理吗 • 是否将一次性或不经常发生的项目并入收入 • 是否存在任何基于资产评估而确认的收益或收入
非经营性费用的划分	• 是否将任何费用或损失以"特殊"、非正常性项目的名义在利润表的底部进行列示 • 相关比率是否总是比同类企业高(此项也适用于递延费用)
	夸大财务业绩
将资产和负债置于表外	• 与同类企业相比,公司是否过多地采用经营性租赁 • 公司是对子公司采用权益法进行核算?如果将这些公司进行合并报表结算,财务状况会变成什么样 • 公司是否通过融资的方式将应收账款置于表外 • 公司是否没有充足的资产来支持其经营和收入——特别是与同类公司相比

(续)

	夸大财务业绩
其他表外融资及表外负债	• 是否存在融资或相关协议并未在附注中进行披露，也没有在资产负债表中进行列示 • 是否有不可预见或潜在损失的讨论，而其并没有反映在当期的利润表中，也未增加对应的负债
高估资产	• 公司拥有的重要资产价值是基于预测、假设或无法获得客观的估值吗 • 公司的无形资产价值及数量、货物或生物资产是否发生非常规性变化（是否反映在资产负债表中） • 是否有收益和收入来自资产重估？由资产重估行为所产生的收益占经营性收益的百分比是多少
	利润操纵
坏账准备	• 检查坏账准备金及与应收账款和收入相关的坏账费用，寻找反常的情况 • 与公司之前年度的预计相对比，检查应计坏账的情况
递延或预收收入	• 寻找标记为递延收入或预收收入的科目 • 判断在该经营业务中预收是否属正常行为，以及递延项目是否合理 • 逐年检查科目余额以判断是否在当年增加或减少了收入 • 在剔除递延项目的影响后，公司的收入和利润会变成什么样？公司是否有意为后续年度保存收益
应计和递延费用	• 是否存在与净利润相关的巨额应计费用，并且出现大幅波动 • 是否将递延费用当作一项资产计入资产负债表中（比如递延所得税等） • 是否存在异常资产或资产科目出现大幅增长且无法解释原因的情况，特别是相对于收入的增长
递延所得税	• 公司的递延所得税净额是否对净利润的波动产生了影响，使净利润从正值变为负值 • 公司是否存在巨额的递延所得税资产？这些递延所得税资产在未来会被转回和使用吗 • 公司是否设立了与递延所得税资产相关的价值准备科目？其价值是否出现波动

(续)

利润操纵	
或有事项和准备	• 仔细研读资产负债表和附注的披露信息 　－ 或有损失 　－ 或有负债 　－ 准备金 　－ 衍生负债 　－ 类似科目 • 考虑公司是否设立了"饼干罐"准备
高估经营性现金流	
促进现金收入的增加或延迟现金费用的支付	• 寻求贴现、出售应收账款或其他能够尽早转换成现金的方式 • 看看公司是否延迟对供货商或其他第三方进行支付,如应付账款增加
将借款行为归于经营性现金流入	• 或有负债和表外负债进行披露了吗(还是没有披露) • 查找互惠或回购协议/或保险类合同 • 是否存在来自非正常客户的收入(财务服务公司)
将支出归属于资本性支出,而该处理方式并不正规	• 长期资产是否存在不正常的增长 • 是否存在非正常规性资产 • 资本性支出是否存在不正常的变动
评估公司治理、审计机构和关联方问题	
董事会治理和独立性	• 检查董事会中的外部成员。公司治理薄弱的董事会中独立非执行董事的比例小于50% • 对于首席执行官同时担任董事长的情况应予以警惕 • 独立董事审计、提名及薪酬委员会主要是由独立董事组成吗?如果不是,则需要进行更深入的尽职调查 • 检查可能存在的连锁董事制度
股东的权利	• 存在不同类型的股份吗?不同类型的股份之间所享有的表决权有何不同?如果存在这种情况,在公司章程中是否列明防范措施用以保护次级股东的权益 • 公司是否近期被政府或国企进行私有化,如果发生上述情况,那么政府目前是否拥有对于管理层和董事会的否决权 • 如果股东无法亲自参加股东大会,能否通过委托行使自己的权利、进行匿名投票、提交问题投票及批准对公司结构和政策进行修改

(续)

评估公司治理、审计机构和关联方问题	
连锁董事制度	• 存在连锁董事制度吗？如果存在这种情况，就应该展开更加深入的尽职调查及分析工作
关联交易	• 公司与管理层之间存在商业交易吗 • 管理层的家庭成员是否与公司和受控于公司的其他方存在业务关系 • 管理层或附属公司是否向公司和其他关联方借款且金额较大
超额报酬及个人占用公司资产	• 是否对薪酬及管理层的额外津贴进行了充分清晰的披露，以便与类似公司进行比较用以评估其薪酬水平 • 是否存在充分的内部控制来防止个人占用或剥夺公司资产 • 是否存在过度使用股权激励/股票期权的情况
缺乏透明性	• 公司拒绝进行细节披露或对未来发展的描述模棱两可
审计机构问题	• 审计机构能否保持独立和客观？存在任何会损害他们的客观性的情况吗？审计机构是否足够大，并且拥有足够高的信誉来对上市公司进行审计 • 存在审计机构主动辞职、被公司频繁更换或公司与审计机构无法达成共识的情况吗 • 是否有强大的独立审计委员会及有效的内部控制以减少问题的发生

在定性的角度上，你需要判断自身和管理层及能够控制公司或对公司产生影响的其他方之间的关系。上述各方可以利用职务或身份之便在缺乏公司控制的情况下牟取私利，而这样一来吃亏的就是你。在一些缺乏强大的公司治理、存在审计机构问题或关联交易的极端情况下，你也许就想离开去寻找下一个投资项目了。如果公司治理和关联方问题并不算严重而你仍考虑这项投资，那么你就应该进行更深入的尽职调查，其中包括寻找之前所列示的所有警示信号。表7-1中还包括了如下一些定性分析技巧：

- 董事会治理和独立性。
- 股东权利。
- 连锁董事制度和管理者职务。
- 关联方问题。
- 超额报酬和个人对公司资产的占用。
- 缺乏透明性。
- 审计机构问题。

发现篡改账目的诀窍

虽然并没有一个正确的方法或特定的程序可用于对公司使用会计把戏的可能性进行评估,但在评估的过程中还是存在一些步骤的。在你开始实际去做之前,重新回顾表 7-1 中所列示的警示指标和分析技术对你会很有用,建议步骤如下:

- 了解行业。你应该通过了解公司所处的行业,确定该行业内的领先企业并将其作为参考标准。了解行业状况和行业领先企业的情况,有助于你发现财报中的不符之处——具体表现为偏离这类企业的正常情况。
- 收集和阅读近年来所有的财务报表和报表附注。其中不仅包括这段时期内的一套综合财务报表,还包括各年单独的财务报表。在阅读这些资料的时候,你应该将表 7-1 中列示的清单牢记于心,并且对于清单中提到的项目要格外注意,比如非常规性资产、会计政策、关联方交易及更换审计机构等。另外,你也要对几年间报表数据的任何变化及清单中涉及的项目或之前年度报表的修改调整予以关注。将目标公司的会计政策与行业内的领先企业进行对比，用以评估目标企业所采用的会计政策是否激进。寻找未在财务报表中体现但是却在报表附注中被披露的项目（亏损或表外融资）。通过对董事会、管理层和审计机构的信息进行核查来评估公司治理水平。

- 准备对利润表进行纵向分析。该分析是指将每一年利润表中的各部分都除以每一年对应的收入，检查这些年间该比例的变化。将公司费用和占收入的比例（毛利率、营业利润率、净利润率）与行业内的领先企业进行对比，并查明产生差异的原因。寻找任何非常规性收益或计入经营活动的利润，以及非常规性亏损或计入非经营活动的费用。

- 准备对资产负债表进行纵向分析。该分析是指将每一年资产负债表中的各部分除以每一年对应的总资产，检查这些年间该比例的变化。寻找非常规性资产或资产金额的大幅上升。将对资产负债表纵向分析的计算结果与行业领先企业进行对比，查明是否存在显著差异。检查所有者权益所包含科目，如果存在绕过利润表和未分配利润的亏损，那么更需要对该部分予以关注。

- 分析现金流量表。将这些年的利润表和现金流量表进行对应分析，并寻找它们之间的差异（例如，收益上升但是经营性现金流下降）。对计入现金流量表经营活动部分的利润表和现金流量表之间的调整项进行全面检查。确保了解其中占比较大的项目，并寻找这段时间内显著的趋势变动。理论上，你更愿意看到所有期间的经营性现金流均高于净利润——如果不是这样，那么就应该深入研究其中的原因。

- 对财务报表进行指标分析。检查这段时间的相关指标并与行业内的领先企业进行比较，对如下指标应予以特别关注：
  - 应收账款周转率或周转天数（暗示应收账款的增长速度是否快于收入的增长速度）。
  - 存货周转率或周转天数（暗示是否存在积压存货或高估存货）。
  - 总资产周转率和资产收益率（特别要关注公司资产负债表的数据是否支持其经营状况）。
- 查询与公司相关的独立第三方信息。如果公司必须向一些机构（例如，政府及管理当局）提交其他类型的报表（例如，当地营业税统计表），可以将这些信息与财务报表数据进行对比。另外还可以对比资产所有权的相关信息（例如，房地产登记信息）。任何与公司存在业务往来或其管理层或董事可从公司获取利益的其他各方，都应该对它们的财务数据进行检查。如果允许的话，你应该通过私人拜访和询问的方式去寻找与收入相关的独立数据。

结语

不择手段的公司将会继续改进其使用的会计把戏（回顾一下，JH公司案例中就是使用财务技巧去冲抵应收账款的增加）。幸运的是，当今的大多数会计把戏仍旧和十年前的相同。因为说到底，对财务报表进行篡改的方法也是有限的，尽管会计把戏在不断演变，但是我们所列示的财务框架会帮助你发现这些会计欺诈行为。发现隐藏的会计把戏需要高水平的深入分析，如果能够为你避免由于投资错误所造成的损失，那么我们所做的一切都是非常值得的。另外，上述分析可能会为你提供一个做空该公司股票的理由。

案例研究

以下案例中的公司由于操纵报表可能已经遭到指控——但并不一定被判有罪。这些案例论证了本章提及的很多概念。值得注意的是，案例中的一些概念与其他章节中的概念相关；然而，完整的案例研究证明了会计操纵的多样性。

案例 7.1　韩国塞尔群生物制药公司（Celltrion, Inc）

背景资料

- Celltrion 是一家生物制药公司，业务涉及生物仿制药物的研发和生产。主要产品为价位较低的生物合成药品，该药品采用细胞生物及 DNA 技术，主要用于癌症的治疗。Celltrion 的总部设在仁川，其为韩国最大的抗体类生物仿制药生产企业和韩国创业板市场上最大的公司，其市值在 2013 年年初达到 4.8 万亿韩元（44 亿美元）。

- 公司首席执行官兼创始人 Seo Jung-Jin 在 2013 年发布声明称他厌倦了不得不进行的"这场与投机性空头方进行的昂贵战役"，他也准备将个人持有的权益（约占 25%）进行整体出售。

- 淡马锡控股是 Celltrion 的第二大股东，其拥有一项选择权，如果 Seo 决定继续出售自己持有的股份，淡马锡控股就有权将其所持有的 10.5% 的 Celltrion 股份出售，交易金额从 14 亿美元增长至 17 亿美元。

- 之后出现的有关财务欺诈和临床试验失败的传闻导致 Celltrion 股票的潜在投标者放弃了购买意愿。

发生了什么

- 韩国金融监督院（FSS）在 2013 年对相关指控展开正式调查。在韩国的 Yonhap news agency 和 SBS CNBV 广播公司发布其涉嫌内幕交易的指控后，Celltrion 的股价出现小幅下降。资本市场调查及 FSS 的赔偿委员会均没有再更新有关 Celltrion 的任何调查结果。

- 对于股价的下降，Celltrion 解释称对在社会上传播的未经验证的报道表示"震惊"，公司正在扭转局面，并且要求 FSS 对做空者试图操纵股价的行为进行调查。

- FSS 在解释中称 "Seo 操纵了股价。由于 Celltrion 的一些附属公司（包括 Celltrion GSC）以其持有的生物公司的股票做抵押从银行获得贷款，所以 Seo 有意抬高了 Celltrion 的股价"。他们做出如下推理：这些附属公司不得不偿还银行贷款，如果 Celltrion 的股价下降就需要提供更多的抵押。这就是 Seo 试图将股价维持在高位的原因。

警示信号

- 对于 Celltrion 涉嫌会计欺诈的指控都围绕其非上市附属机构医疗保

健的关联交易展开。指控源于 Celltrion 将大部分产品都销售给了 Celltrion 医疗保健,其存货增加是由于在等待欧洲机构的批准。在最近 6 个月的资料中,总销售额的 98.2%、金额为 1 400 亿韩元来自 Celltrion 医疗保健。Celltrion 医疗保健的存货余额较去年增长 3 000 亿韩元,达到 6 790 亿韩元。

- Seo 对此进行回击,称(Celltrion)医疗保健仅有 9 个月的存货,这已属于行业内的最低水平,他们设立库存是为了一旦获得当局的批准就能确保产品的平稳供应。

- 对于投资者来说,一个红色警报是公司管理层已经将他们持有的公司大部分股份出售。这暗示管理层和股东之间的利益并不一致。在 2013 年 4 月的前四天,Celltrion 医疗保健的一名联合总裁 Hong Seung Seo 抛售了其持有的 Celltrion 50% 的股份,约为 57 500 股。而上述操作是在 Celltrion 的股价受内幕交易指控影响而出现下降之前进行的。

重要的教训

- 利益的一致性。我们又一次遇到了公司管理层与股东所享有的优先权/利益不一致的情况。与 PD 和 SE 科技相似,在管理层并不持有公司股份的情况下,他们就有可能以牟取私利为目的来管理公司,而不会将股东利益最大化放在首位。在这个案例中,我们可以看到公司的创始人 Seo 公开声称计划将其所持有的公司全部股票出售。更让人担忧的是,就在股价出现大幅下跌的前两周,Celltrion 的联合总裁也将其持有的 50% 的公司股份在公开市场进行抛售。

- 关联交易。企业家(可能)倾向于建立一个错综复杂的子公司和附属机构的架构，这种做法通常都是合法的，如按照业务单元及地域分布拆分。然而，有时这些架构的设立却是为了掩盖交易的本质。在 Celltrion 账务中，Celltrion 医疗保健的销售占比就应该被视为一个红色警报，只要是负责任的分析师都会注意到该问题并对其展开进一步调查。

案例 7.2　　RG 矿业

背景资料

- RG 的主要业务涉及采矿和金矿加工，并向中国的内蒙古自治区销售精金矿石。公司的主要产品是精金矿石——其为金矿提炼及生产标准金和非标准金的原材料。

- 公司在开曼群岛注册，并通过子公司持有位于赤峰的 3 个金矿，持股比例为 97.1%。

- 公司的收入主要来自内蒙古自治区赤峰市的 3 个金矿，分别为 N 金矿、S 金矿和 L 金矿。

- RG 于 2009 年 2 月在香港证券交易所上市。发行价格为每股 6.25 港元，融资金额达到 10 亿港元。承销商为花旗和 Macquarie。

- 2010 年 6 月，RG 以每股 12.15 港元的价格进行再融资，融资金额为 12 亿港元。股票经纪人为花旗。

- 在 2011 年 5 月公司股票被暂停交易之前，公司在港交所市值为 81 亿港元，在外发行股数为 90 880 万股，流通股为 42 940 万股。

- RG 的子公司包括 LIL、RVH、FIL 和 CFM。

- 2010 年 4 月，公司收购 JM，并在 2010 年 6 月收购 GFI 和 YM。

- 金矿收入是 RG 的主要利润来源：2007 年占比 89%、2008 年占比 71%、2009 年占比 66.1% 及 2010 年占比 64.1%。

- 在公司 2008 年、2009 年和 2010 年的年度财务报表中，毛利率和销售成本一直保持不变——尽管在 2008 年至 2010 年金价出现波动，最低为每盎司 690 美元，而最高达到每盎司 1 420 美元。

  2008 年年报——公司确认的收入大约为 31 230 万元人民币，相比于 2007 年增长 3 800%。毛利润为 23 170 万元人民币，毛利率为 74.2%，而销售成本占收入的比例为 25.8%。

  2009 年年报：毛利率为 74.1%，销售成本占收入的比例为 25.9%。

  2010 年年报：毛利率为 77.3%，销售成本占收入的比例为 22.7%。

  销售成本主要包括原材料购买、转包费用、辅助材料成本、电力成本、折旧/摊销、环境保护费用及安全生产费用。

- RG 的审计机构：德勤。

- 公司的主要股东：

  - Lead Honest Management：52.8%。

  - 花旗集团：27%。

  - Value Partners：8.6%。

- 德意志银行：4.9%。

Lead Honest Management 是一家在维京群岛注册的公司，并由 Tercel Holdings 全资持股，Tercel Holdings 则由 Credit Suisse Trust Ltd. 控股。Credit Suisse Trust Ltd. 是 Tercel Trust 的信托公司。

吴先生是 Tercel Trust 的创始人。Tercel Trust 的受益人也包括吴的家人。

- 卢某（董事长）、马某（金矿生产的负责人）和崔某（首席财务官）是 CFM 的董事，这是一家 RG 持有 97.1% 股份的投资公司。上述三人均为其董事会成员。

CFM 所拥有的 YM 和 JM 这两座矿——按照中华人民共和国报告标准（不是澳大利亚矿业联合会）被评估为低储量金矿。

发生了什么

- 2011 年 5 月，《南华早报》（SCMP）的报道称 RG 向香港证券交易所提供的 2009 年年报资料与其向中国国家工商行政管理总局提供的资料不符。

- RG 回应称 QIC 向《南华早报》提供的公司数据是错误的。QIC 却坚称其数据是准确无误的。

- 2011 年 5 月 27 日，当香港证券交易所对其展开调查后，RG 的股票被暂停交易。

- 之后的调查显示，吴某已经偷偷地将 RG 的全部资产抵押给上海某银行（SPD）用以获得一项个人贷款。

- 根据 2010 年 10 月从惠州工商管理局获得的文件，吴某为 4 家私人公司从 SPD 获得了 2.4 亿元人民币（2.88 亿港元）的贷款，而这 4 家私人公司均属于 CTM。吴某还与 SPD 签订了一份抵押协议，并在 2009 年 9 月获得一笔 1 亿元人民币的贷款。

- 在上述两个例子中，FIL 作为 RG 的附属公司拥有 3 座矿，吴某将该公司的所有股本抵押给 SPD，用来为不属于 RG 的公司获取贷款。

- 2011 年 6 月 16 日，RG 发表声明称吴某作为公司的控股股东，由于其将 RG 的股份作为抵押用以获取个人贷款的不当行为，已经辞去董事职务。吴某从 RG 的子公司辞职，并不再担任 RG 的任何职务。

- RG 坚称以董事长卢某为首的所有董事会成员对吴某抵押资产一事均不知情，直到 6 月 13 日《南华早报》与他们联系。

- 2011 年 6 月 20 日，RG 发表声明称由吴某签署的贷款抵押已经被解除。

- 2011 年 8 月，在 RG 发表声明之后不久，SFC 的调查显示公司大约 15 亿港元的资金已经被秘密输送给大股东吴某。8 月 22 日的一份交易所资料显示 RG 借给吴某 9.55 亿港元，而截至 2011 年 6 月 30 日仍有 3.16 亿港元未偿还。

- 另外，RG 承认在 2011 年上半年公司从吴某手中购买了两个位于蒙古的磷矿，并额外支付金额 5.2 亿港元。但对该项关联交易并未进行过披露，其也未获得股东的批准。

- 2011 年 8 月，独立董事 Kam 负责对指控展开内部调查。其在与董事会关于调查方法和时间的问题上出现分歧后提出辞职。

- 2011 年 10 月，审计机构德勤发表声明称 RG 2010 年财务报表中的收入并不可信，因为 RG 无法披露重要信息。德勤发表声明称已经提出辞职。

- 在两年后的 2013 年，RG 的股票被暂停交易。

警示信号

- 王某在公司首次公开发行股票时担任公司董事长，并于 2009 年 5 月辞职。

- 首席执行官邱某于 2011 年 5 月辞职，其职务由内部候选人、副总裁马某接替。

- 吴某是通信矿业的巨头，同时也是 RG 的创始人，但在董事会却不拥有席位，他在 RG 的子公司担任董事。这些在 IPO 的提交资料及年度报告中均进行了说明。另外，记录中显示吴某出售了 25.8% 的股份。

- 在 2010 年的年报中，"应付贷款"在财务报表附注中被解释为公司与两家独立第三方公司及它们在中国各地的子公司签订的贷款协议。RG 从两家公司回收资金 41 510 万港元和 900 万美元，又向 RG 在中国的一家子公司借出 42 740 万元人民币。RG 无权对上述应收贷款和应付贷款进行抵消。进一步研究并没有找到这两家独立第三方公司的名字。

重要的教训

- 来自独立第三方的技术分析报告往往很难获得，这些独立第三方甚至包括那些全球性的大型顾问公司——BEHRE DOLBEAR Asia（BDASIA）。RG 的 IPO 招股说明书中显示 BDASIA 仅在"矿产"和"生产指标"上给予 RG 中度风险评级。而对于 3 个矿的其他指标给予低风险和低至中度风险评级。

BDASIA 的团队主要由来自美国丹佛办公室、悉尼及伦敦的高级矿业专家组成。他们于 2007 年 10 月访问 RG，而其在 2009 年 2 月上市。

招股说明书中并没有说明 BDASIA 是从哪里获取的数据。BDASIA 并没有做如下工作：对 RG 的数据进行审计、重新预测矿藏储量、检查廉价租房的合法性。这些在招股说明书的附录 V、V-2 中进行了说明。

BDASIA 的技术报告中称在 IPO 的招股说明书中并没有辽宁地勘院出具的原文。该院在 2007 年 7 月对 3 个金矿的矿藏进行过测算。

《中国经济时报》进行的调研表明 RG 聘请了两家公司对同一座矿出具了地质报告，其采用虚假数据代替真实的数据来增加储量。这份地质报告被修改后生成了虚假记载。由于专业性较高，投资人作为门外汉不会对虚假信息有所察觉。

在辽宁地勘院完成报告之后，某地质勘查公司为 RG 的 3 座矿出具了详细的勘探报告。这些报告随后送至 BDASIA，其在 IPO 招股说明书中给出了低至中度风险评级。

内部知情人士告诉《中国经济时报》，众所周知，矿业顾问例如

BDASIA 在被聘用出具研究报告的时候通常都不被允许对矿产本身进行实地核查。矿业公司会把他们带到其他矿去看。要想获得报告的原文，需要去内蒙古自治区国土资源部门的档案室查询。
- 虚构的客户。IPO 招股说明书中显示 RG 最主要的 5 名客户是 LXG、HYG、CKZ、CBL 和 CFC。在年报中并没有将上述客户的销售量进行逐一列示。

《中国经济时报》称上述 5 个客户中有 3 个实际上与 RG 并不存在业务往来。只有 CFC 承认是 RG 的客户。

案例 7.3　FT 科技

背景资料

- FT 科技的注册地为百慕大群岛，在新加坡证券交易所上市，市值为 9500 万新元。其拥有位于中国内地和香港的子公司，位于中国福建省的 3 个工厂主要生产涤纶纤维和超细皮革纤维。公司创始人为 James 和他的家人，他们共同持有公司 32% 的股份。

- 业绩：
  - 截至 2008 年 9 月的 12 个月内，收入为 19.8 亿港元（2003 年为 3 亿港元）；息税折旧摊销前利润（EBITDA）为 7.28 亿港元；税后净利润为 5.46 亿港元。公司呈现快速增长和良好的盈利性。2008 年支付股利 8 200 万港元（每股 0.09 港元），股利支付比率达到 15%。

- 资本结构（截至 2008 年 9 月）：

- 现金为 12 亿港元（1.5 亿美元），占资产总额的 32%（2006 年 6 月现金余额为 1.5 亿美元）。
- 净营运资本为 29 670 万港元（3 830 万美元）。
    a. 应收账款为 2.8 亿港元（3 610 万港元）（2006 年 6 月应收账款为 1 200 万美元）。
    b. 存货为 9 460 万港元（1 220 万美元）。
    c. 应付账款为 7 800 万港元（1 000 万美元）。
- 银行贷款为 6.22 亿港元。

发生了什么

- 2009 年 9 月 25 日，公司发表如下声明：
    - 由于在审计过程中很难确认现金和应收账款的金额，审计机构（Deloitte & Touche）没有在 2008 年的年报上签字。
    - James 辞去董事长和首席执行官职务。
    - 公司聘请破产清算专家 Ntan Advisory 作为独立调查机构和财务顾问。

- FT 的股份在发表声明前未发生变动。
    - 2011 年 12 月，Ntan 发布了一份调查报告，该报告从调查到完成历时 3 年。
    - 该报告揭露了财务和会计违规行为，并推断这些违规行为可能是基于管理层，特别是董事长/首席执行官和首席财务官对中华人民共和国管理机构的了解而实施的。
    - 重要的发现包括：
        a. 高估资产 3.82 亿港元（4 900 万美元），高估现金余额 6.86 亿港元（8 800 万美元）。

b. 无法解释的现金余额为 7.77 亿港元（1 亿美元）。这些现金很可能已经被盗用了。

c. 未对资产和负债进行完整恰当的披露，其中包括与中国的银行间的违约贷款。

d. 未经批准就将主要经营公司的控股权转移给一家子公司，而该子公司并不受离岸债权人的控制。

- 关键是，由于缺乏法律的强制执行力，Ntan 的调查遭到了来自中国公司的雇员和相关各方的阻力，这就导致 Ntan 无法获得子公司的会计记录及那些丢失或不可信的账目。
- 普华永道的代表在此前被聘请对公司进行清算。

警示信号

- 与公司的规模及资本支出计划有关的超额现金储备：
  - 在 2007 年和 2008 年，公司通过发行优先股和债券融资 1.07 亿美元，但是其中包括 2008 年的经营性现金流流入。
  - 对股东进行的现金分红不再增加，自从公司上市以来，现金支付比率一直维持在 15%。
  - 公司又通过高级贷款获得资金，该笔贷款相比于较早的资本提供者属于次级贷款。

- 离岸持有的现金储备/未进行披露：
  - 公司存款总额中仅有 1% 归属于上市公司，对于集团中哪个公司持有剩余现金并未进行披露。
  - 中国农业银行是其列示的唯一一家主要往来银行。

- 离岸现金审计机构（甚至是"四大"）真能判定其银行存款符合国际规定吗？

- 尽管公司持有大量现金储备，但其长期借款仍在增加。
  - 在 2008 年的前 9 个月，现金储备实际增加 1 300 万美元，但是公司却额外产生了 3 000 万美元的债务。
  - 公司对此解释为这项美金的离岸借款是用来进行自然避险（避免汇兑损失）的，因为公司的主要产品均是以美元标价。

- 薄弱的营业资金管理/未进行披露：
  - 营运现金循环增加却无法提供合理的解释。
  - 公司设定了一个条款，将无法回收的应收账款的确认期限调整为 60 天以上，而在 2007 年和 2008 年并没有设定该条款。

- 复杂的公司组织结构：
  - 上市公司将资金作为一项权益投资注入中国境内的公司或为离岸实体提供未担保的贷款，然后按照股权进行确认。
  - 上市公司旗下的任何经营性公司或资产都不存在债权索赔要求。

- Fibrechem 的息税前利润（EBIT）率是同业竞争者的两倍多，而且在行业周期内始终维持这一水平。
  - 如果其找到的商机确实可以实现盈利和快速增长，那么新的竞争是什么？

- 创始人的相关问题：
  - 由于用自己持有的股份作抵押获得资金在中国境内进行风险投资一

事，使得公司的大股东被大家所熟知。
  - 董事长及其家人在福建省内拥有多项投资是众所周知的事情，其还因此入选中国最富有企业家 100 强。
  - 创始人/董事长将其中国国籍更改为多米尼加国籍。

- 复杂的公司组织结构使得人们无法对其有一个清晰的了解，也无法知晓其子公司是如何进行资本运作的。

- 2007 年公司内部关联交易出现翻番，达到总销售额的 13.1%。

- 可疑的内部审计和会计准则：
  - 并不清楚由独立新加坡籍的董事组成的公司审计委员究竟获得了多少有关经营性子公司的账务资料。
  - 公司并没有内部审计人员；对于内部控制的测试都是由外部的专业机构完成的。
  - 审计委员会获得了一份外部会计师事务所提供的报告，但并不是由外部审计机构 Deloitte & Touche 提供的。

重要的教训

- 投资人和在国外上市的中国公司的董事会很难对离岸的子公司进行管理和控制。

- 薄弱的公司治理和复杂的组织结构为会计把戏的实施提供了条件。

- 应对超额现金储备予以警惕，特别是在公司持续进行借贷的情况下——这就暗示实际上公司是需要现金的，而其报告中的现金余额可能并不存在。

本章参考资料

Fibrecham Technologies. 2011. Limited Report of the Independent Investigation by Ntan Corporate Advisory Pte. Ltd. , December 1.

Na Jeong-ju. 2013. "Celltrion CEO Under Scrutiny," *Korea Times*, September 16.

Real Gold IPO Prospectus. February 10, 2009.

Real Gold Mining Annual Reports for 2008, 2009 and 2010.

South China Morning Post articles regarding Real Gold Mining:

"Accounting Mystery for Mining Firm," May 27, 2011.

"Real Gold Halts Trading after Filing Questioned," May 28, 2011.

"Real Gold's Wu Resigns Over Loan Pledges," June 21, 2011.

"SFC Probing Real Gold Mining," August 24, 2011.

关于作者

陈竞辉（ChinHwee Tan），CFA，CPA，是一家全球最大的领先另类投资机构的亚洲区创始合伙人。他被《对冲基金期刊》评选为新晋全球绝对投资收益前40的投资人士，《财富》杂志授予其"最佳亚洲对冲基金管理人"称号。他在2013年被新加坡政府授予"杰出的金融业认证专业人士（FICP）"称号。此外，他还是新加坡国会委员会财政与贸易及产业领域的成员，以及新加坡金融管理局私募股权部门的成员。他在积极服务于社会的同时还担任多家营利和非营利机构的董事会职务。

他在一些顶级学府担任助理教授，教授私募股权投资和法务会计的相关课程。生活中他很享受与他的三个孩子相处的时光。

罗宾臣（Thomas R. Robinson），CFA，CPA，是美国CFA（特许金融分析师）协会的常务董事。其领导一个跨功能团队，主要参与全球化战略的制定、区域内全球化战略的实施及与区域内利益相关各方的合作。在此之前，他是CFA协会培训部门的常务董事，凭借战略远见领导一个由100人组成的国际团队。该团队主要为候选人、协会成员及其他投资专业人士提供培训。在加入CFA协会之前，他拥有25年财务服务及教学的相关从业经历，他不仅是迈阿密大学的终身教员，同时也担任一家私人健康投资咨询公司的常务董事，并在一家会计师事务所担任税务咨询业务部门的董事。他在学术界和专业类期刊中定期发表文章，并且以作者或联合作者的身份出版多本著作，内容主要涉及财务分析评估和财富管理。他是CFA持证人，同时也是注册会计师（俄亥俄州）、注册财务理财师（CFP）以及特许另类投资分析师（CAIA）。他拥有宾夕法尼亚大学经济学学士学位，并获得了凯斯西储大学的硕士及博士学位。

审校专家

余敏

执业注册会计师（CPA）、特许金融分析师三级候选人（CFA Level3 Candidate），现就职于四大会计师事务所，负责A股IPO、H股IPO等多个项目。曾参与编写《企业社会责任信息披露与会计体系创新》，公开发表多篇论文，主要研究兴趣为财务舞弊、信息披露、企业社会责任、企业估值、财务模型等。新浪微博@sunshine—molecule。

刘振山，香港科技大学MBA，注册估值分析师（CVA）协会董事，中国国际工程咨询有限公司特聘专家，曾任大型能源央企高级估值总监，完成境外投资并购交易金额超过百亿美元，著有《董事高管估值知识简明指南》，翻译及审译出版《投资银行：估值、杠杆收购、兼并与收购》（原书第3版）、《财务模型与估值：投资银行与私募股权实践指南》等专业图书。邮箱：252675606@qq.com，微信公众号：CNCVA。

金多多金融投资译丛

序号	中文书名	原书名	作者	定价	出版时间
1	财务模型与估值：投行与私募股权实践指南	Financial Modeling and Valuation: A Practical Guide to Investment Banking and Private Equity	Paul Pignataro	68	2014年10月
2	投资银行练习手册	Investment Banking: Workbook	Joshua Rosenbaum Joshua Pearl	49	2014年10月
3	投资银行精华讲义	Investment Banking: Focus Notes	Joshua Rosenbaum Joshua Pearl	49	2014年10月
4	公司估值（原书第2版）	The Financial Times Guide to Corporate Valuation (2nd Edition)	David Frykman, Jakob Tolleiyd	59	2017年10月
5	并购、剥离与资产重组：投资银行和私募股权实践指南	Mergers, Acquisitions, Divestitures, and Other Restructurings	Paul Pignataro	69	2018年1月
6	杠杆收购：投资银行和私募股权实践指南	Leveraged Buyouts, + Website: A Practical Guide to Investment Banking and Private Equity	Paul Pignataro	79	2018年4月
7	财务模型：公司估值、兼并与收购、项目融资	Corporate and Project Finance Modeling: Theory and Practice	Edward Bodmer	109	2018年3月
8	私募帝国：全球PE巨头统治世界的真相（经典版）	The New Tycoons: Inside the Trillion Dollar Private Equity Industry that Owns Everything	Jason Kelly	69.9	2018年6月
9	证券分析师实践指南（经典版）	Best Practices for Equity Research Analysts: Essentials for Buy-Side and Sell-Side Analysts	James J. Valentine	79	2018年6月
10	证券分析师进阶指南	Pitch the Perfect Investment: The Essential Guide to Winning on Wall Street	Paul D. Sonkin, Paul Johnson	139	2018年9月
11	天使投资实录	Starup Wealth: How the Best Angel Investors Make Money in Startups	Josh Maher	69	2020年5月
12	财务建模：设计、构建及应用的完整指南（原书第3版）	Building Financial Models (3rd Edition)	John S. Tjia	89	2019年12月

(续)

序号	中文书名	原书名	作者	定价	出版时间
13	7个财务模型：写给分析师、投资者和金融专业人士	7 Financial Models for Analysts, Investors and Finance Professionals	Paul Lower	69	2020年5月
14	财务模型实践指南（原书第3版）	Using Excel for Business and Financial Modeling (3rd Edition)	Danielle Stein Fairhurst	99	2020年5月
15	风险投资交易：创业融资及条款清单大揭秘（原书第4版）	Venture Deals: Be Smarter than Your Lawyer and Venture Capitalist (4th Edition)	Brad Feld, Jason Mendelson	79	2020年8月
16	资本的秩序	The Dao of Capital: Austrian Investing in a Distorted World	Mark Spitznagel	99	2020年12月
17	公司金融：金融工具、财务政策和估值方法的案例实践（原书第2版）	Lessons in Corporate Finance: A Case Studies Approach to Financial Tools, Financial Policies, and Valuation (2nd Edition)	Paul Asquith, Lawrence A. Weiss	119	2021年10月
18	投资银行：估值、杠杆收购、兼并与收购、IPO（原书第3版）	Investment Banking: Valuation, LBOs, M&A, and IPOs (3rd Edition)	Joshua Rosenbaum Joshua Pearl	199	2022年8月
19	亚洲财务黑洞（珍藏版）	Asian Financial Statement Analysis: Detecting Financial Irregularities	ChinHwee Tan, Thomas R. Robinson	88	2022年9月
20	投行人生：摩根士丹利副主席的40年职业洞见（珍藏版）	Unequaled: Tips for Building a Successful Career through Emotional Intelligence	James A. Runde	59	2022年9月
21	并购之王：投行老狐狸深度披露企业并购内幕（珍藏版）	Mergers & Acquisitions: An Insider's Guide to the Purchase and Sale of Middle Market Business Interests	Dennis J. Roberts	99	2022年9月
22	市场的引擎	Engines That Move Markets: Technology Investing from Railroads to the Internet and Beyond	Alisdair Nairn	158	2022年12月